NEU

SICHTWECHSEL

MITTELSTUFE DEUTSCH ALS FREMDSPRACHE

SASKIA BACHMANN •
SEBASTIAN GERHOLD •
BERND-DIETRICH MÜLLER •
GERD WESSLING •

Klett

ERSTER BEREICH: **WAHRNEHMUNG**

Erläuterungen:
Literarische Texte sind mit den Namen der Autoren gekennzeichnet. Z = Texte aus Zeitungen und Zeitschriften.
FT bedeutet: Fertigkeitstraining, z. B. FT Hören = Fertigkeitstraining Hören. (Cassette) = Dieser Text ist auf Cassette.

ERSTER BEREICH: **WAHRNEHMUNG**

ERSTER BEREICH: **WAHRNEHMUNG**

ZWEITER BEREICH: **BEDEUTUNG**

ZWEITER BEREICH: **BEDEUTUNG**

I M P R E S S U M

Projektleitung/Redaktion:
Eva-Maria Jenkins

Gestaltung:
Bruin van der Duim
Dick Nengerman

Bilder und Texte:
Siehe Quellenverzeichnis Seite 169

Weitere fotografische Gestaltung:
Henk Jan Jager

Cassette:
Bestellnummer 675023

Für die Unterrichtsvorbereitung:
- SICHTWECHSEL neu 1, 2, 3: Allgemeine Einführung. Bestellnummer 675022
- SICHTWECHSEL neu 1: Unterrichtsbegleiter. Bestellnummer 675015

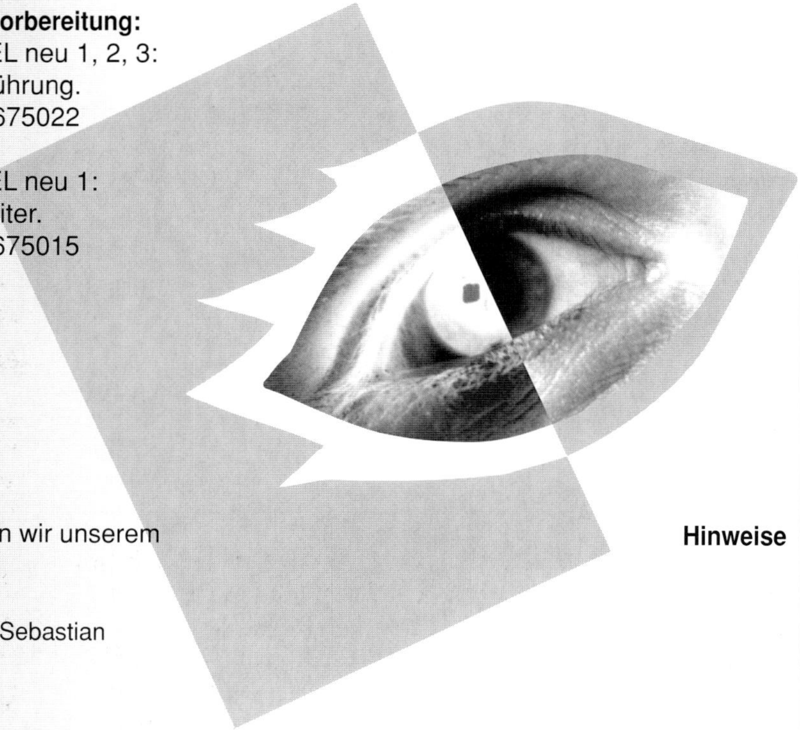

Dieses Buch widmen wir unserem Freund Martin Hog.

Saskia, Bernd, Gerd, Sebastian

1. Auflage 1 5 4 3 2 | 1999 98 97 96

Umschlag: Bruin van der Duim, Dick Nengerman
Satz und Repro: Utesch Satztechnik GmbH, Hamburg
Druck: Grafos S.A., Barcelona
Printed in Spain

ISBN 3-12-**675020**-6

Piktogramme:

Fertigkeitstraining
- Lesen
- Schreiben
- Sprechen
- Hören

Hinweise
- Text auf Cassette
- Projekt
- Spiel
- Weiter im Arbeitsbuch
- Lösungsvorschläge

EINLADUNG

ZU EINER ENTDECKUNGSREISE

SICHTWECHSEL 1

ABENTEUER ●

SICHTWECHSEL ist der Beginn einer Entdeckungsreise. Wir laden Sie ein, uns bei dieser Entdeckungsreise zu begleiten. Es ist eine Entdeckungsreise ins Abenteuer, in das Abenteuer einer fremden Kultur. Auf dieser Reise werden Sie aber nicht nur die andere Kultur entdecken, sondern auch die eigene Kultur neu sehen lernen.

VERGNÜGEN ●

Für das ÜBERsetzen zu fremden Ufern bekommen Sie in den drei Bänden von SICHTWECHSEL Navigationshilfen und Orientierungspunkte. Sie werden die Angst vor dem Fremden verlieren, denn Sie werden lernen, wie Sie sich das Unbekannte erschließen können: die fremde Kultur, ungewohnte Denk- und Verhaltensweisen, anspruchsvolle Texte und Inhalte, unbekannte Wörter, eine manchmal kompliziert erscheinende Grammatik. Dabei werden Sie die Erfahrung machen, daß das Fremde häufig gar nicht so fremd ist, daß Texte „knacken" ein Vergnügen und Grammatik auch anregend sein kann.

WIE WO WAS ●

Mit dem Text- und Arbeitsbuch 1 geht es los. Als erstes sollten Sie sich in Ihrem Buch orientieren. Machen Sie in der Klasse eine „Lehrwerksrallye": Teilen Sie Ihre Gruppe in zwei oder mehr Mannschaften auf. Jede Mannschaft schaut sich das Buch genau an und stellt den anderen zehn knifflige Fragen, z. B.: Was bedeutet folgendes Symbol? Wo findet man die Regel zu ...? Wo findet man Seitenverweise auf bestimmte Grammatik- und Wortschatzübungen? Wie sind Text- und Arbeitsbuch einander zugeordnet? usw. Diejenige Mannschaft, die die meisten Fragen richtig beantwortet, gewinnt.

PROJEKTE ●

Als nächstes schauen Sie sich die im Buch enthaltenen Projekte an. Sie sind mit einem Symbol gekennzeichnet. Überlegen Sie, welches oder welche Projekte Sie im Lauf des Kurses machen wollen. Suchen Sie sich Partner dafür, und machen Sie einen Zeit- und Arbeitsverteilungsplan.

HILFEN ●

Überlegen Sie zu Beginn des Kurses auch, was Sie schon gut können und was Ihnen noch viel Mühe bereitet. Notieren Sie Ihre Stärken und Schwächen auf verschiedenfarbigen Kärtchen mit Ihrem Namen. Sammeln und ordnen Sie die Kärtchen der ganzen Gruppe nach Problemen, um festzustellen, wer wem helfen kann. Bilden Sie „Nachhilfegruppen". Suchen Sie im Buch nach Hilfen und Übungen. Das Inhaltsverzeichnis und das Schlagwortregister zum Arbeitsbuch auf Seite 168 können Ihnen helfen.

GUTE REISE ●

Nun kann die Überfahrt losgehen. Wir wünschen Ihnen eine gute Reise. Genießen Sie sie!

Übrigens:
Wie die Reise in Band 2 weitergeht, entdecken Sie auf den Seiten 171–175.

Autoren und Verlag

WAHRNEHMUNG

SICHTWECHSEL 1

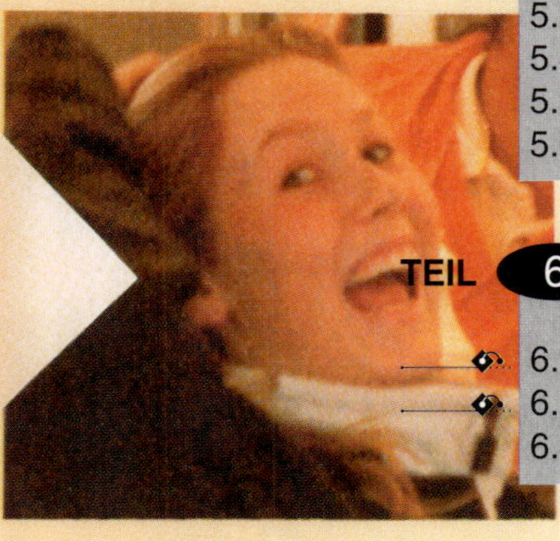

1.1 Ein Bild an der Wand

1.2 Heimweh

Heimweh

nach den Wolken über dem Garten in Papenburg
nach dem kleinen Jungen der ich gewesen bin
nach den schwarzen Torfschuppen im Moor
nach dem Geruch der Landstraßen als ich 17 war
nach dem Geruch der Kommißspinde als ich Soldat war
nach der Fahrt mit meiner Mutter in die Stadt Leer
nach den Frühlingsnachmittagen auf den Bahnsteigen der Kleinstädte
nach den Spaziergängen mit Lilo Ahlendorf in Dresden
nach dem Himmel eines Schneetags im November
nach dem Gesicht Jeanne d'Arcs in dem Film von Dreyer
nach den umgeschlagenen Kalenderblättern
nach dem Geschrei der Möwen
nach den schlaflosen Nächten
nach den Geräuschen der schlaflosen Nächte

Helmut Heißenbüttel

1. – Wonach haben Sie Heimweh, wenn Sie nicht zu Hause sind?
   – Hören Sie, was Rachid Baier, ein Tunesier, der seit 26 Jahren in Deutschland lebt, darüber sagt.

2. Schreiben Sie selbst einen kleinen Text über:
   Ihre Angst
   Ihre Freude
   Ihr Mißtrauen
   Ihren Spaß
   Ihre Liebe
   Ihre Trauer
   Ihren Ärger

AB

Heimweh

Ruhrgebiet, Teil des Rhein-Westfälischen Industriegebiets, größter industrieller Ballungsraum Europas in hervorragender Verkehrslage ...

(Meyers Großes Taschenlexikon)

1.3 Wo ich lebe

„Nirgendwo schmeckt das Bier besser"

Das Ruhrgebiet ist eine Ansammlung von Dörfern, denn die Innenstädte sind austauschbar: Glas und Beton. Was hier menschlich ist, das sind allein die Vororte, die Dörfer, sind es nun alte aus dem vorigen Jahrhundert oder sind es neue, in denen die Bewohner nach neuer Gemeinschaft suchen.

1. Suchen Sie Stichpunkte:

Das Ruhrgebiet:

L E B E

Hier wurde ein Jahrhundert lang zum Nutzen der Industrie gebaut, selten zum Nutzen des Menschen, und weil dem Ruhrgebietler das klar war, wuchsen die Siedlungen zu Gemeinschaften. Leben im Ruhrgebiet heißt für mich: Leben in einem Vorort.

Die Herzstücke der Vororte sind die Kneipen. Sie haben, nicht nur für mich, eine magnetische Anziehungskraft. Ich halte die Kneipen im Ruhrgebiet für die demokratischste Einrichtung überhaupt. Vom Fenster meines Arbeitszimmers kann ich auf zwei Kneipen sehen, weiß, wer hineingeht, weiß, wie lange er drinnen war.

Es mögen verräucherte Spelunken sein für jene, die nur in säulengeschmückten Hotels verkehren. Hier in den Kneipen bekomme ich garantiert ein gut gezapftes Bier, hier versteht jeder Wirt zu zapfen, sie sind Künstler, es gibt noch genug, die das können: ein Pils so zu zapfen, daß man auf den Schaum ein Fünfmarkstück legen kann, ohne daß es untergeht. Für mich ist es schon zum Ritual geworden: War ich ein paar Tage verreist und komme nach Hause, dann ist der erste Weg in die Kneipe, denn nirgendwo schmeckt das Bier besser, und nirgendwo versteht man sein Bier kultivierter zu trinken.

Dieses Ruhrgebiet, sehe ich aus dem Fenster, ist eigentlich ganz anders. Ja, aber wie anders. Vielleicht entspricht es doch dem Bild, das Außenstehende von ihm haben, aber die Mischung aus Scheußlichkeit und Irrgarten ist nur äußerlich. Wer nur durchfährt, der kann es nicht schmecken und nicht anfassen. Man muß hier wohnen.

Meine Mutter hatte immer zu mir gesagt: Heimat ist dort, wo es einem leichtgemacht wird, mit Menschen zu reden. Na eben, das ist es. 1979

Aus: Max von der Grün, Texte, Daten, Bilder (gekürzt)

Vororte:

Kneipen:

Die Stammkneipe:

Dieses Ruhrgebiet:

Heimat =

2. Schreiben Sie einen Paralleltext: Leben in … heißt für mich …

1.4 Sehen und hören

1. Bildgeschichte:

a. Erzählen (schreiben) Sie, was Sie sehen.
b. Vergleichen Sie Ihren Text mit der Bildgeschichte im Arbeitsbuch.

2. „Welthören“:

a. Hören Sie das „Hörstück“ auf der Cassette.
   - Notieren Sie:
     Was für Wahrnehmungen, Assoziationen und Gedanken hatten Sie beim Hören?
   - Tauschen Sie sich mit einem Partner bzw. einer Partnerin über Ihre Eindrücke aus.
b. Hören Sie das Stück noch einmal.
   - Vergleichen Sie mit dem ersten Hören.
     Tauschen Sie sich mit einem neuen Partner darüber aus.
   - Vergleichen Sie:
     Wer hat was wahrgenommen?
   - Überlegen Sie:
     Was habe ich wahrgenommen?
     Warum habe ich das so wahrgenommen?

1.5 Bildbeschreibung

Bild 1

1. a. Beschreiben Sie, was Sie sehen.
   b. Stellen Sie Ihre Ergebnisse vor, und vergleichen Sie.

2. Haben Sie etwas als fehlend beschrieben? Überlegen Sie, warum.

Hören

2

3

1912

Bild 2

Beschreiben Sie, was Sie sehen.

2.1 Kündigungsgedanken

1. Ergänzen Sie aus dem Text.

Ihre Lehrzeit ist beendet, sie ist Industriekaufmann – ein sehr junger, sehr hübscher, sehr weiblicher Industriekaufmann. In dem dunklen, häßlichen Büro mit dem wackeligen Schreibmaschinentisch und der altersschwachen Schreibmaschine herrscht ihre ältere Kollegin, läßt sie nur untergeordnete Arbeiten verrichten.

Sie trägt sich mit Kündigungsgedanken –
kündigt.

Sie kündigt, weil …

In der neuen Firma hat sie einen hellen, neuen Arbeitsplatz, eine elektrische Schreibmaschine und eine perfekte Vorgängerin, die ihr täglich als unerreichbares Vorbild vorgehalten wird.

Sie trägt sich mit Kündigungsgedanken –
kündigt.

weil …

In der neuen Firma hat sie einen hellen, neuen Schreibtisch mit Drehstuhl, eine elektrische Schreibmaschine, ein schwarzes Telefon und einen eigenen Toilettenschlüssel. Der ältliche Chef liebt helle, neue weibliche Angestellte.

Sie trägt sich mit Kündigungsgedanken –
kündigt.

weil …

In der neuen Firma hat sie ein eigenes Vorzimmer, einen Palisanderschreibtisch, eine elektrische Schreibmaschine, ein Diktiergerät, ein weißes Telefon, eine eigene Toilette, die Möglichkeit, Arbeitsplatzverbesserungsvorschläge einzureichen, und einen in Scheidung lebenden Chef, der in einem Wutanfall das Telefonkabel aus der Wand reißt und das Diktiergerät zertrümmert.

Sie trägt sich mit Kündigungsgedanken –
kündigt.

weil …

Mit dem Kündigungsschreiben übergibt sie einen Arbeitsplatzverbesserungsvorschlag, den sie mit ihrem Freund, einem Studenten, ausgearbeitet hat:

„Schafft helle, freundliche Mitarbeiter und Vorgesetzte – alle Arbeitsplätze werden es euch danken!“

Ihr Chef verspricht ihr, sich zu bessern, nimmt die Kündigung an, küßt sie und bittet sie, seine Frau zu werden.

Sie trägt sich mit Kündigungsgedanken –
kündigt

weil …

dem mittellosen Studenten die Freundschaft, heiratet Auto, Haus, komplette Wohnungseinrichtung und ein fettes Bankkonto.

Ihre Berufstätigkeit ist beendet, sie ist Hausfrau – eine sehr junge, sehr hübsche, sehr weibliche Hausfrau. In der neuen, hellen, mit allen technischen Erleichterungen ausgestatteten Küche herrscht ihre alte, dunkle Schwiegermutter, läßt sie nur untergeordnete Arbeiten verrichten.

Täglich wird ihr ihre perfekte Vorgängerin als unerreichbares Vorbild vorgehalten.
Ihr Mann liebt helle, neue weibliche Angestellte.
In vielen Wutanfällen zertrümmert er viel Porzellan.

Sie trägt … ein Kind –
kündigt nicht.

Sie kündigt nicht, weil …

Ingrid Kötter

2. Wo tritt eine Veränderung im Text ein?
   Was verändert sich?

3. Diskutieren Sie das Ende des Textes:
   Was würden Sie in dieser Situation tun?

4. An welchen Stellen „paßt“ das Verb oder Adjektiv nicht zum Substantiv?
   Überlegen Sie, welche Wirkung mit solchen Kontextverstößen erzielt wird.

5. Lesen Sie den Text laut vor, und verändern Sie dabei das Geschlecht aller vorkommenden Personen. Also: **Seine** Lehrzeit ist beendet, **er** ist Industriekauf**frau** – ein**e** sehr jung**e**, sehr hübsch**e**, sehr **männliche** Industriekauf**frau** …

AB

Frau

Mann

2.2 artikel

maskulin . . . .

der schlips der whisky der kontoauszug
der schrebergarten der stammtisch der fußball
der unmensch der mitmensch der massenmensch
der käfer der kapitän der mercedes
der blutfleck der weißmacher der mannvonformat
der betrieb der bungalow der infarkt

feminin . . . .

die strumpfhose die waschmaschine die pille
die boutique die modenschau die bahnhofsmission
die oberweite die diät die zweite frisur
die hörzu die fürstenhochzeit die starparade
die knef die fabiola die jacqueline
die party die migräne die unfähigkeitzutrauern

neutrum . . . .

das gemüse das abführmittel das eigenheim
das glückimwinkel das wortzumsonntag das brotfürdiewelt
das erste programm das zweite programm das dritte programm
das kochgas das senfgas das cyclon b
das schlafen das beischlafen das wäschewechseln
das woher das wohin das wozu

Rudolf Otto Wiemer

1. Können Sie den Text zeitlich einordnen?
2. Adaptieren Sie das Gedicht auf Ihre eigene Situation: streichen Sie, und fügen Sie hinzu.
3. – Suchen Sie zu jedem Wort ein passendes Adjektiv.
   – Vergleichen Sie die Adjektive, die Sie zu der Gruppe „maskulin“ gefunden haben, mit denen der Gruppe „feminin“.

2.3 Interview: Er erwartet ein Kind

1. Überlegen Sie:
   Wie bereiten sich Eltern auf die Geburt eines Kindes vor?
   Was macht die Mutter? Was macht der Vater?
   Legen Sie eine Liste an.
2. Welche Hilfen gibt der Staat den jungen Eltern vor der Geburt? Nach der Geburt? Ergänzen Sie die Liste.
3. Hören Sie den Text „Er erwartet ein Kind“ ein- oder zweimal. Kreuzen Sie an, was mit Ihrer Liste übereinstimmt.
4. Hören Sie den Text noch einmal. Streichen Sie von Ihrer Liste, was nicht erwähnt wird.
5. Hören Sie den Text ein drittes oder viertes Mal. Ergänzen Sie Ihre Liste.
6. Diskutieren Sie über die Arbeitsteilung zwischen den Eltern im ersten Lebensjahr des Kindes. Suchen Sie Pro- und Contra-Argumente.

2.4 Malaktion

1. Bitte besorgen Sie sich bunte Filzstifte und große Bögen Papier, und malen Sie in mehreren Gruppen jeweils gemeinsam ein Bild, das eine Situation zeigt, wo viele Menschen zusammen sind, wie z. B.:
   - (Wir) Im Verkehr
   - (Wir) Im Freibad
   - (Wir) Im Unterrichtsraum
   - (Wir) Im Park
   - (Wir) Im Paradies

2. Hängen Sie die Bilder im Klassenraum an die Wand, und schauen Sie sie gemeinsam an. Benutzen Sie Ihre Bilder für die Übungen im Arbeitsbuch.

AB

Der Innenminister
und der Außenminister

Wo ist der Innenminister? Und der Außenminister?

2.5 Titel: ___?___

Er ist

Er liegt
Er liegt
Er liegt

Er liegt
Er sitzt
Er liegt

Er liegt
Er sitzt
Er steht
Er liegt

Er liegt
Er steht
Er steht
Er liegt

Er liegt
Er steht
Er sitzt
Er liegt

Er liegt
Er sitzt
Er liegt

Er liegt
Er liegt
Er liegt

Er war

Gerd Wessling

1. Suchen Sie einen Titel.
2. Wo liegt, sitzt, steht „Er"?
3. „Liegen" steht für schlafen, hilflos sein, ausruhen, krank sein …
   „stehen" für spielen, laufen, arbeiten …
   „sitzen" für …
   Schreiben Sie Geschichten aus dem Leben: „Er" oder „Sie" oder „Ich" oder …

AB

2.6 Lied: Angenehm

1. Sammeln Sie:

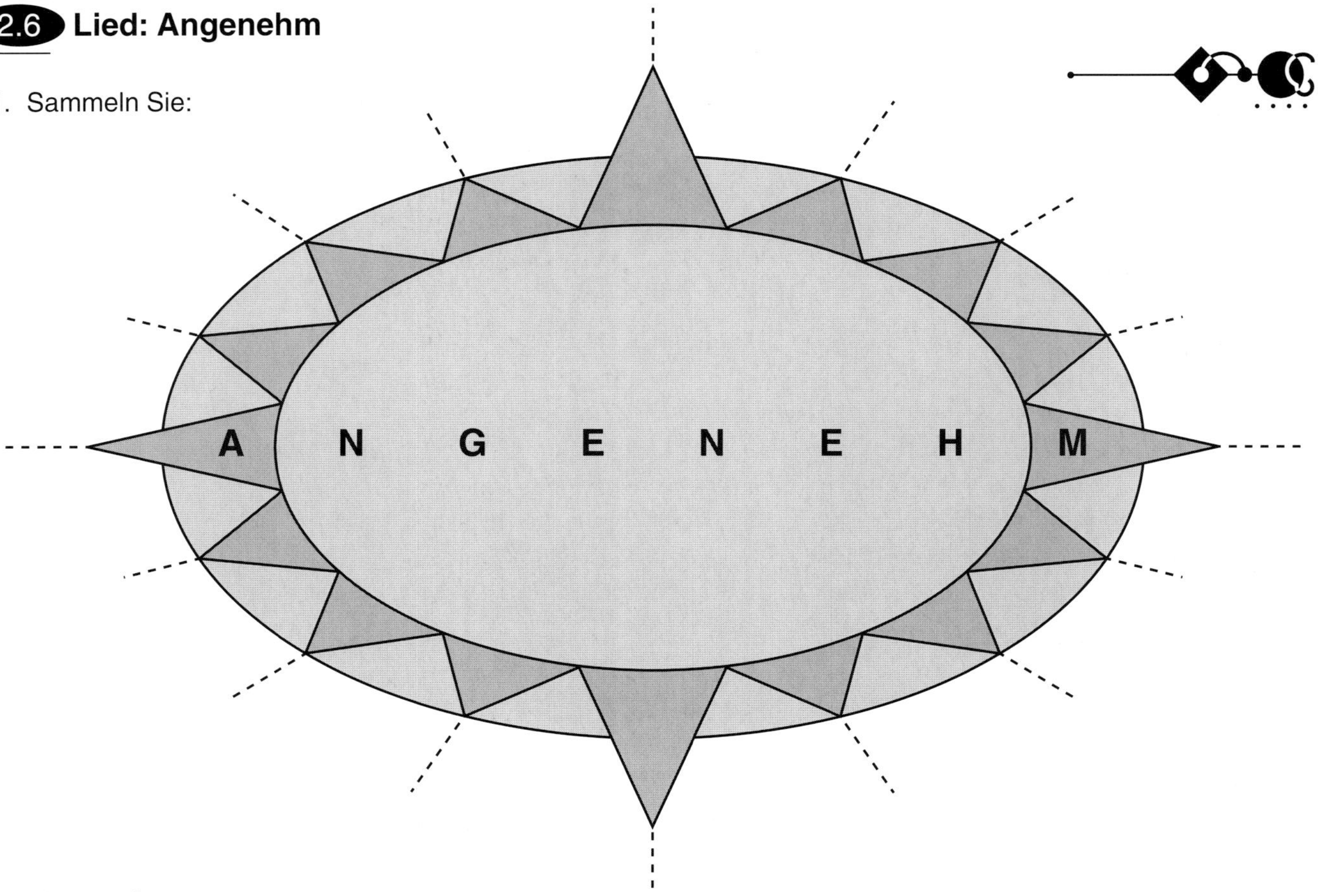

2. Machen Sie eine Liste mit angenehmen Dingen, die mit B anfangen: Bier, Bonbons, …
   Sie können sich auch im Kreis setzen und ein Rundspiel daraus machen.

3. Sprechen Sie über die Dinge, die Ihnen angenehm sind:
   Es ist angenehm, wenn …
   Es ist angenehm, … zu …

4. Die tanzende Klasse:
   Jede/r Kursteilnehmer/in bekommt ein Kärtchen mit einem Textabschnitt des Liedes und lernt ihn auswendig. Dann wird das Lied vorgespielt: wer seinen Abschnitt hört, muß aufspringen und anfangen zu tanzen. Das Lied wird so oft vorgespielt, bis alle tanzen.

5. Nach dem Hören: Lesen Sie den Liedtext.

6. Schreiben Sie dann das Lied weiter oder ändern Sie es: aus der Sicht einer Frau, eines alten Mannes … oder eines jungen Mannes (wie der Liedautor) aus Ihrem Land.

7. Wer ist in dem Lied „man“, wer ist „du“?

AB

ANGENEHM

DAS IST
DAS IST
DAS IST
DAS IST
DAS IST
DAS IST
DAS IST
DAS IST

Es ist angenehm, sich in den Sand einzuwühlen,
sich zu wälzen und faul in der Sonne zu dösen,
wenn die Brisen mit dem Sonnenbrand spielen.
Kreuzworträtsel kann man ohne Schwierigkeiten lösen,
wenn man diesen römischen Grenzwall kennt,
mit fünf Buchstaben, einer vermutlich ein S.
Es ist angenehm, sich einfach so treiben zu lassen,
und es gibt noch viel Angenehmeres.

Das ist angenehm. Das ist angenehm.

Es ist angenehm, so in den Tag reinzutrödeln,
zum Beispiel am vierten August,
oder wenn was passiert und man sagen kann:
„Also ich hab das nämlich schon immer gewußt!“
Oder man stößt in der Cordjackentasche
ganz unerwartet auf sechs Mark und vierzig,
oder wenn man einen Angeber kennt,
der zwar meint, daß er's besser weiß, aber er irrt sich.

Das ist angenehm. Das ist angenehm.

Es ist angenehm, wenn man im Fußgängertunnel
so brüllt, daß es fürchterlich widerhallt,
oder nachts einfach über die Kreuzung zu schlendern,
wo tags der Verkehr sich verknotet und ballt.
Oder man trifft einen ganz neuen Freund,
der bei uralten Witzen noch so richtig schön lacht.
Es ist angenehm, jemanden wiederzusehn,
dessen Bartwuchs wohl auch keine Fortschritte macht.

Das ist angenehm. Das ist angenehm.

Es ist angenehm, wenn man mit fast schon vergessenen
Erdkundekenntnissen glänzen kann.
Betten und Briefe und Brüste und Bach ...
Eine Liste, die jeder ergänzen kann.
Es ist angenehm, wenn du schon schläfst, noch zu denken,
was du jetzt wohl träumst oder fühlst.
Dein Körper ist warm und sehr angenehm.
Es wär angenehm, wenn du das Geschirr morgen spülst.

Das wär angenehm. Das wär angenehm.

Aus: Thommie Bayer
Band, Feindliches Gebiet

3.1 Eindrücke und Gedanken

1. Suchen Sie sich ein Bild auf dieser und den folgenden Seiten aus, und beschreiben Sie es möglichst detailgenau, ohne viel zu interpretieren.

2. Interpretieren Sie das Bild (Zusammenhänge, Gründe, Folgen). Wo könnte das sein? Was für eine Situation?

Bild 1

3. Wie wirkt das Bild auf Sie (das gesamte Bild oder auch Einzelheiten)?

4. Vergleichen Sie Ihre Eindrücke und Gedanken in der Gruppe.

5. Lesen Sie die Bildunterschriften und Texte im Arbeitsbuch.

AB

Bild 2

Bild 3

Bild 4

3.2 In einer fremden Stadt

1. Sie kommen in eine fremde Stadt, in der Sie längere Zeit leben werden. Sie sind allein, machen Ihren ersten Spaziergang und wollen alles Wichtige in der Stadt sehen. Was würden Sie erkunden und warum?

2. Lesen Sie den Text.

ANKUNFT • IN • KIEL

Selim wollte keine Briefe schreiben. Wozu auch? Es kamen nur zwei Adressaten in Frage: sein Bruder, der bloß hören wollte, daß es ihm in Deutschland schlechtging, und der Trainer Ali, dem er erst schreiben wollte, wenn er den Ringer Ahmed getroffen hatte.

„Ich gehe spazieren", sagte er.

Der Regen hatte aufgehört. Der Schnee taute zu grauen, matschigen Häufchen zusammen, und in die Abflußgitter rannen gurgelnde Ströme. Die Luft war so frisch, wie Selim es noch nie erlebt hatte, und Wasser liebte er in jeder Form, sogar als Regen.

Auf einem Schild stand „Werftstraße". Das wollte er sich merken, damit er zurückfand. Jetzt kam es darauf an, den Bahnhof zu finden.

Wozu? ________ . . .

Er wollte ein Micky-Maus-Heft kaufen und daraus schneller Deutsch lernen als Mesut mit seinem ganzen Lehrbuch. Wenn er dann nächstens wieder fragte: „Sprichst du jetzt wenigstens ein paar Worte Deutsch?", dann würde Selim ihm fließend eine deutsche Rede halten, etwas Auswendiggelerntes, nicht unter drei Minuten, es konnte der letzte Unsinn sein. Mesut würde sich ärgern.

Außerdem wollte er, um das Rolltreppenfahren zu üben, den Hauptbahnhof finden.

Er merkte sich das Wort „hopbanof" und fragte eine spazierengehende Familie, aber er hatte wohl die falsche Aussprache. Dann fragte er einen Türken, und der zeigte statt einer Antwort nur auf ein Pfeilschild mit der Aufschrift „Bahnhof", zackzack, wie ein Deutscher, ohne ein Wort zuviel. Bestimmt einer aus Ankara. [...]

Er folgte dem Pfeil, kam aber erst nach Stunden am Bahnhof an. Er hatte nicht immer den direkten Weg gefunden, dafür aber alles Wichtige in Kiel gesehen:

Was? ________ . . .

das Straßenbahndepot, den Güterbahnhof, ferner eine riesige Betonpfanne aus lauter verwickelten Straßenschlangen, in der die Autos im Kreis fuhren, das mußte Spaß machen. Einen Friedhof hatte er besichtigt und herausgefunden, daß alle neuen Grabsteine asymmetrisch waren, genauer: ihre Oberseite war wie eine Welle geformt, die von rechts nach links rollte. Vielleicht waren diese Marmorwellen ein Hinweis auf das Meer: es waren Seemannsgräber! Auch Frauen hatten solche Steine, vermutlich waren sie nach jahrelangem Warten auf ihre untergegangenen Männer einsam gestorben.

Drei oder vier große Teiche hatte er gesehen, und friedliche, gut angezogene Spaziergänger an deren Ufern. Oft meinte er türkische Wortfetzen zu hören und drehte sich um – „anne“ hörte er, „karin“, „bok“ und „bir“, aber es war Deutsch. „Bier“ kannte er schon und trank eines an der Bude. Die fünfunddreißig Pfennige legte er gleich hin, damit keine Fragen kamen. Ein Imbißstand schien ihm kein schlechtes Geschäft zu sein. Vielleicht war das der richtige Anfang?

Vor einer Kirche in der Altstadt stand das Denkmal eines armen, kleinen, sehr häßlichen Hundes mit lauter Zacken und Schuppen am Bauch und um die Ohren. Auf seinem Rücken stand ein riesiger Mann mit Flügeln. Warum stellte er sich mit seinem ganzen Gewicht auf das Tier, wenn er doch fliegen konnte? Der arme Hund konnte sich nicht wehren, weil der Mann ihm auch noch mit einem langen Schwert drohte. Selim rätselte, was das zu bedeuten hatte.

Innerhalb der Kirche war etwas ähnlich Geheimnisvolles zu sehen. Vier vor Schmerzen schreiende kleine Löwen mußten auf ihren Köpfen ein kolossales Gefäß tragen, diesmal war alles aus Metall.

Im Schaufenster einer Konditorei sah er gebackene Teigröllchen, die fast so aussahen wie Sigara Böreği, gefüllt mit Schafskäse. Es war aber nur süßes Zeug für ältere Damen.

Dann war er ans Meer gegangen. Dort stand er neben einer riesigen Baustelle direkt gegenüber der Werft. Der „Oslokai“ wurde ausgebaut. Ein großes Schiff lag da, „Kronprins Harald“, mit einer Kreuzfahne. Er malte sich aus, wie es war, wenn man so ein Schiff besaß, erst eines, und dann immer mehr davon.

Aus: Sten Nadolny,
Selim oder die Gabe der Rede

3. Notieren Sie die Stationen von Selims Spaziergang.

4. Selim sieht auf seinem Spaziergang geheimnisvolle Dinge und rätselt, was sie zu bedeuten haben.
   Er sieht
   - eine riesige Betonpfanne aus lauter verwickelten Straßenschlangen
   -
   -
   -
   -
   -
   -

5. Wie versucht er, sich das Fremde zu erklären?

6. Können Sie ihm helfen?

AB

AS FÄL

3.3 Projekt: Wieso? Weshalb? Warum?

P

1. Sammeln Sie Fragen über Dinge, die Ihnen an den Deutschen auffallen …
   - Warum behalten die Damen im Café den Hut auf?
   - Wieso essen die Deutschen auf der Straße Bratwürste?
   -
   -

   … und stellen Sie diese Fragen bei der nächsten Gelegenheit Deutschen, die Sie treffen. (Sie können auch einen Brief schreiben.)

2. Eindrücke aus Deutschland

a. In diesem Gespräch sprechen zwei Spanierinnen über ihre Eindrücke in Deutschland. Hören Sie das Gespräch abschnittsweise. Notieren Sie die Themen.
   a. Abschnitt 1. Thema:
   b. Abschnitt 2. Thema:
   c. Abschnitt 3. Thema:
   d. Abschnitt 4. Thema:

b. Bearbeiten Sie jedes Thema in Kleingruppen (ein Thema pro Gruppe). Was wissen Sie über Deutschland zu diesem Thema?

c. Jede Gruppe hört ihren Abschnitt noch ein-, zweimal und erzählt anschließend der Gesamtgruppe, was die beiden Frauen zu dem Thema sagen.

d. Hören Sie den ganzen Text noch einmal. Ergänzen Sie die Eindrücke und Überlegungen der beiden Spanierinnen eventuell aus Ihrer Erfahrung.

AB

LT AUF

3.4 Blick aus dem Fenster

1. **Ein Bild**
   - Was sieht die Frau?
   - Was sieht sie nicht?
2. Lesen Sie den Text.

Ich versuche für einen Augenblick, den Augenschein zu beschreiben.
Wenn ich morgens den ersten Blick aus dem Fenster werfe, sehe ich keine Wäsche auf der Leine, keine Kinder auf den Balkons, keine Häuserwände, auf denen zehnmal mit roter Farbe steht Castro Mao Ho Chi Minh. Ich sehe das Gärtchen des Hausmeisters, den ich nicht kenne, den ich nur von seinen Schildern her kenne, Treppe sauber halten, Tür verschlossen halten, hängt euch auf, frisch gebohnert.

Ich sehe das Gärtchen des Hausmeisters, das in lauter Rechtecke eingeteilt ist und so sauber gehalten wird, daß nichts darin wächst. Ich sehe die zwei Meter hohe Mauer um das zwölf Meter große Gärtchen, und auf der Mauer sehe ich Glasscherben einzementiert zum Schutz gegen die Kinder der Nachbarn. Wenn ich von der Mauer weg über den Hof sehe, sehe ich eine zweite größere Mauer, ebenfalls mit Glasscherben bewaffnet, zum Schutz gegen die Kinder der Nachbarn. […]

Ich sehe Autos auf dem Asphalt, die Leuten gehören, die sich nicht kennen, die ich nicht kenne, die nur ihre Autos kennen und sich nur von ihren Autos her kennen.

Ich sehe Fenster, hinter denen Leute wohnen, die ich nur daher kenne, daß sie die Vorhänge zuziehen, wenn sie mich am Fenster sehen, und die mich nur daher kennen, daß ich die Vorhänge zuziehe, wenn ich sie am Fenster sehe. Abends sehe ich, wie sich diese Fenster manchmal öffnen und füllen mit dem Gesicht eines Menschen, der acht Stunden lang gearbeitet hat und zur Erholung aufpaßt, daß nichts geschieht. Und dies alles geschieht nicht mir, sondern uns allen.

Wenn ich auf die Straße hinaustrete, sehe ich …

a. Schreiben Sie den Text weiter, und behalten Sie Peter Schneiders Perspektive bei. Beschreiben Sie:
   Leute auf der Straße
   Leute im Geschäft
   Leute im Wartezimmer
b. Lesen Sie jetzt weiter, und vergleichen Sie mit Ihren Texten.

… keinen Verkehr zwischen den Leuten, keine Gruppen, die sich über die Zeitung unterhalten, es liegt kein Gespräch in der Luft. Ich sehe Leute, die so aussehen, als lebten sie unter der Erde und als wären sie das letzte Mal bei irgendeinem dritten oder vierten Kindergeburtstag froh gewesen.

Sie bewegen sich, als wären sie von einem System elektrischer Drähte umgeben, das ihnen Schläge austeilt, falls sie einmal einen Arm ausstrecken oder mit dem Fuß hin und her schlenkern. Sie gehen aneinander vorbei und beobachten sich, als wäre jeder der Feind des anderen. Das ganze Leben hier macht den Eindruck, als würde irgendwo ein großer Krieg geführt und alle würden auf ein Zeichen warten, daß die Gefahr vorüber ist und man sich wieder bewegen kann.

Wenn ich in die Bäckerei trete, passe ich auf, daß ich mich mit den Händen nicht auf die Glasabdeckung stütze, ich bin darauf hingewiesen worden, daß sie einstürzen könnte. Wenn ich auf einen Kuchen deute, strecke ich die Hand nicht zu weit aus, ich bin darauf hingewiesen worden, daß ich ihn infizieren könnte. Wenn ich bezahle, achte ich darauf, daß ich das Geld auf die Gummiunterlage lege, ich bin darauf hingewiesen worden, daß sie dafür da ist! Und dies alles geschieht nicht mir, sondern uns allen.

Wenn ich gemeinsam mit jemand irgendwo warte, vermeiden wir es, uns anzusehen, uns zu berühren, irgendeine Beziehung herzustellen. Ich habe einmal drei Stunden in einem vollen Wartezimmer verbracht, zwischen Leuten, die alle aus den gleichen Verhältnissen kamen, alle dieselben Schwierigkeiten hatten, ohne daß ein einziges Wort gefallen wäre, aber als dann endlich einer kam und die Tür mit der Aufschrift „Nicht eintreten" öffnete, da sprangen alle auf und riefen: Nicht eintreten.

Aus: Peter Schneider, Rede an die deutschen Leser und ihre Schriftsteller

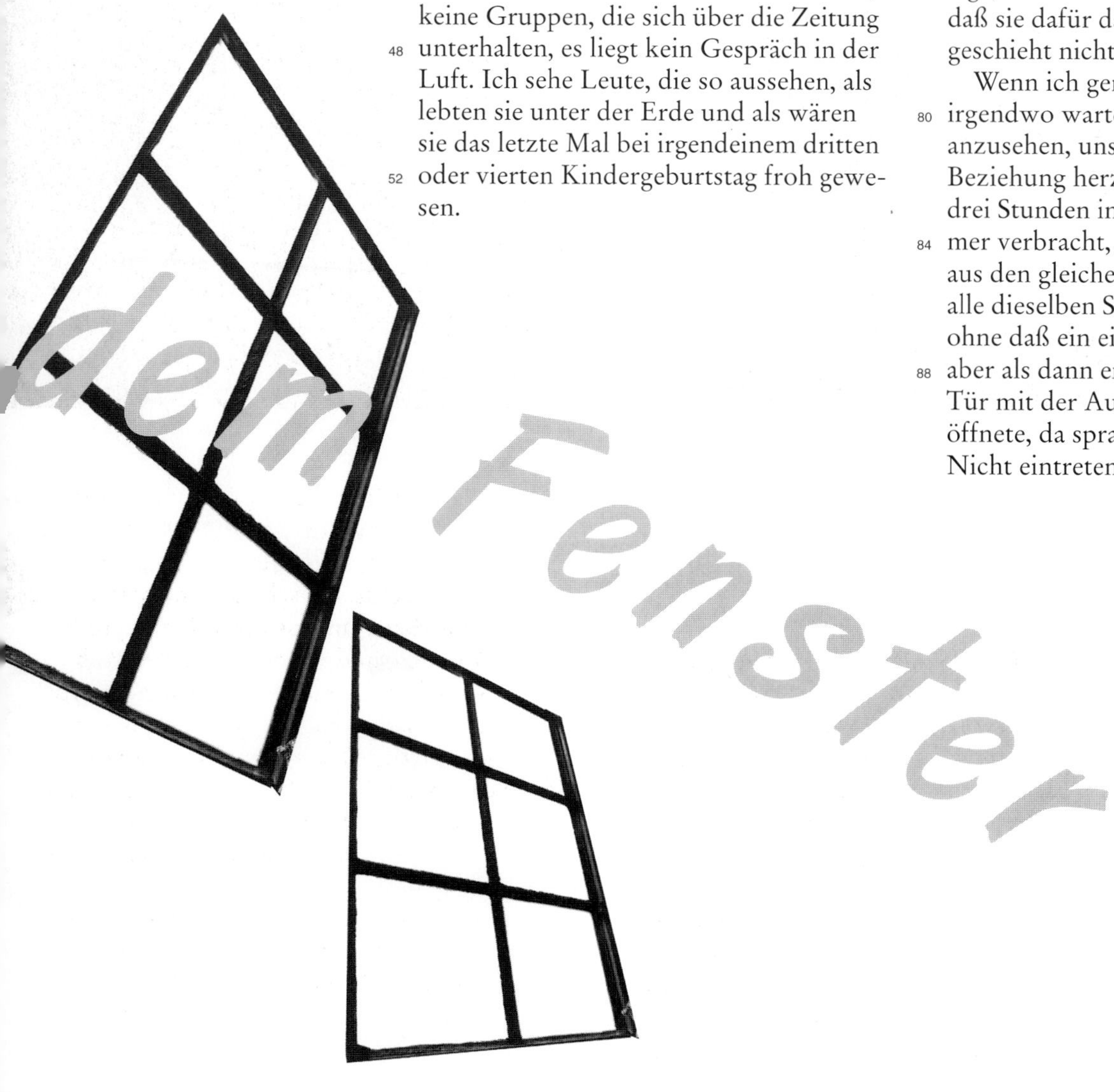

3.5 Projekt: Tagebücher und „Klingende Briefe“

Wenn Sie eine Reise machen oder in einer fremden Stadt oder einem fremden Land leben, müssen Sie täglich Tausende von Eindrücken aufnehmen, sie miteinander in Verbindung bringen, interpretieren, uminterpretieren. Man wird müde von dem vielen Neuen, aber gleichzeitig wird man angeregt, entwickelt selbst eine Fülle von neuen Gedanken, Ideen, Phantasiegebilden. Eine Reise in andere Länder als eine Reise zu sich selbst? Damit das Erlebte nicht so schnell vergessen wird, damit bestimmte Eindrücke oder Erlebnisse erhalten bleiben, anhand derer man weiterdenken kann, beginnen viele, ein Tagebuch zu schreiben.

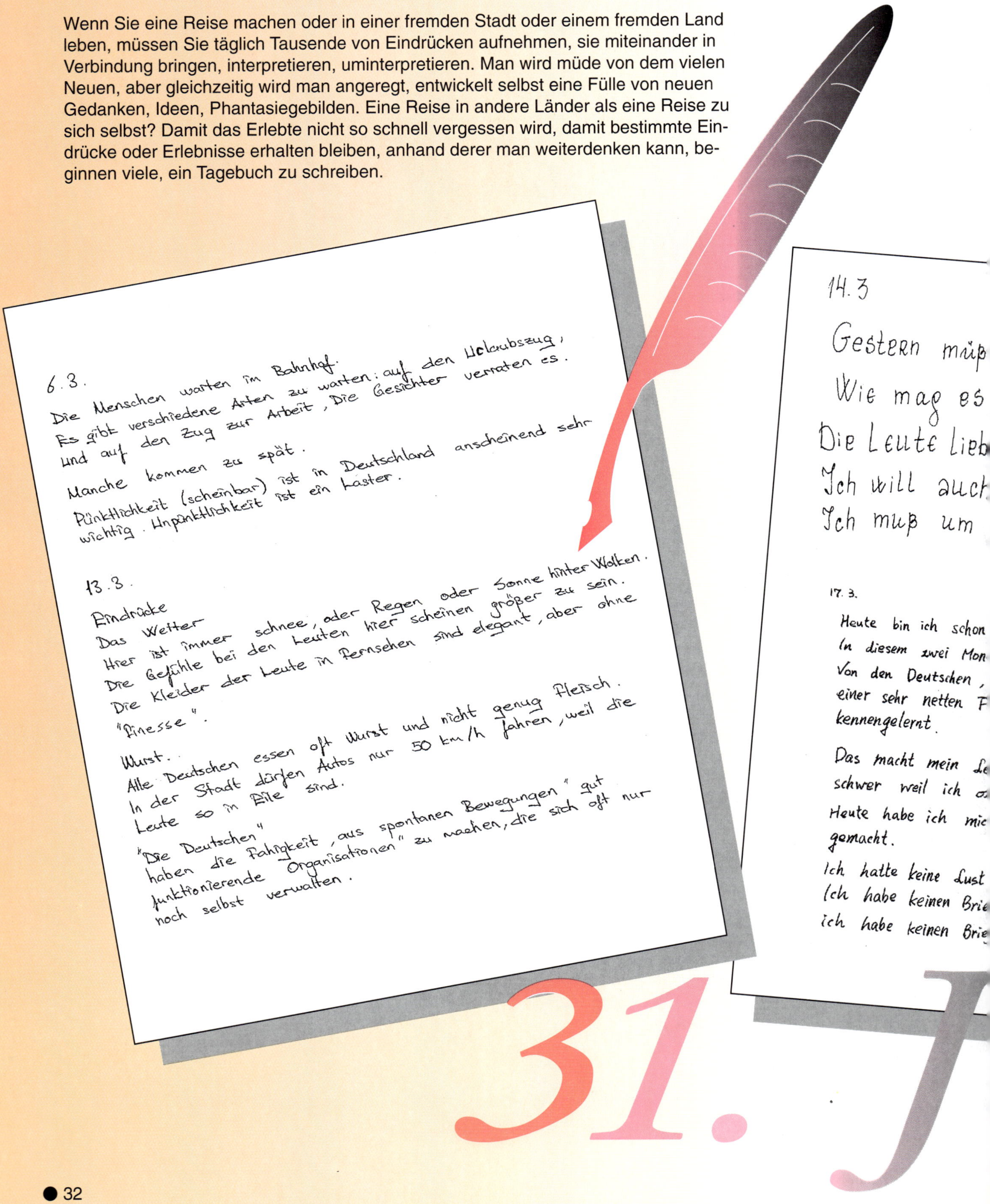

1. Diese Auszüge aus einem Gruppentagebuch zeigen, wie die Teilnehmer eines Deutschkurses ihre Beobachtungen, Erlebnisse und Eindrücke verarbeitet haben.

   Versuchen Sie es doch auch mal.

20-DM Strafe zahlen.
gehen?
d streiten sich.
etwas sagen.
hr zur Sekretärin gehen.

nate in Deutschland.
ich Ausländer kennengelernt.
Leuten im Institut und
habe ich niemand anderen

Deutschland ein bißchen
bin.
eres noch dem Unterricht

Hausaufgabe zu machen.
ne Familie geschrieben, und
n.

20.3
Heute früh bin ich mit dem Vogellied aufgewacht.
Und ich habe verstanden, daß der Frühling kam.
Ich mag Frühling.
Frühling ist die schönste Jahreszeit.
Der Winter mit seinem weißen Mantel ist weg.
Nun kann man die schwere Kleidung im Schrank lassen.
Man fühlt sich leichter.
Nun ist es möglich, schöne Spaziergange zu machen.
Das ist die Gelegenheit, die Natur zu beobachten.
Schon werden einige Blumen geboren und die grünen Stengel warten auf die Sonne, um ihre Farbe kennenzulernen.
Die Stadt ist auch fröhlicher. Ihre Einwohner entdecken den Frühling wieder und gehen durch die Straßen –
Und mit einem blauen Himmel werden die Sorgen und die Probleme weniger.
Nun ist der Frühling da – alles lächelt.

ti 1995

2. Wenn Sie in Ihrem Heimatland Deutsch lernen, haben Sie keinen direkten Kontakt zum Alltag in den deutschsprachigen Ländern. Aber Sie haben vielleicht die Möglichkeit, mit Deutschen in Ihrem eigenen Land zu sprechen, zum Beispiel am Flughafen, am Bahnhof oder an Orten, wo viele Touristen hinkommen. Sie können aber auch durch Briefe und Cassetten Kontakte bekommen. Schriftliche Kontakte können Sie z. B. mit bestimmten Behörden aufnehmen und sie bitten, Ihnen Plakate oder Informationen zu schicken. Politische Institutionen geben Antwort und verschicken Informationsbroschüren zu aktuellen Themen. (Fragen Sie Ihren Lehrer bzw. Ihre Lehrerin nach Adressen, oder schreiben Sie an die deutsche Botschaft in Ihrem Land. Bitten Sie um Adressen.) Reisebüros schicken Prospekte und Werbeplakate über Städte und Landschaften. Durch Cassetten, sogenannte „Klingende Briefe“ kann man private Kontakte zu Schulklassen, Jugendhäusern und Vereinen aufnehmen.

3. Brief in Symbolsprache

Schreiben Sie einem anderen Gruppenmitglied einen Brief in Symbol-, Zeichen- oder Bildersprache, vielleicht bekommen Sie auch eine Antwort.

Das folgende Beispiel stammt aus einem Jugendbuch von Michael Ende.

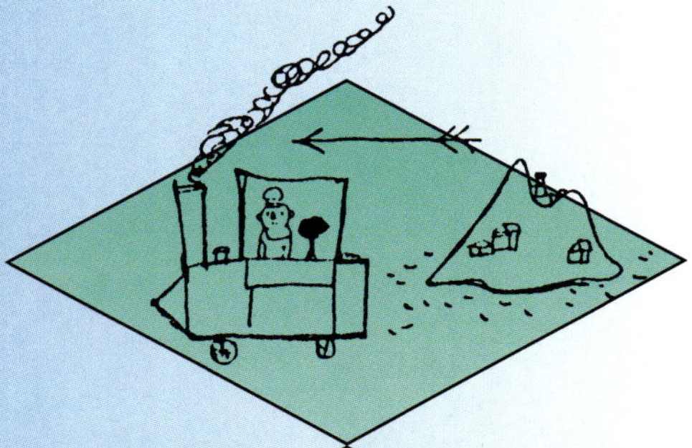

Das hieß: Ich bin mit Lukas dem Lokomotivführer auf Emma weggefahren.
Und dann zeichnete er noch schnell darunter:

Das hieß: Mach dir keinen Kummer, sondern sei unbesorgt.
Und zuletzt zeichnete er noch ganz schnell dies hier:

Das sollte heißen: Es küßt dich dein Jim.
Dann legte er das Blatt auf sein Kopfkissen und stieg schnell und leise zum Fenster hinaus.

Aus: Michael Ende, Jim Knopf und Lukas der Lokomotivführer

4.1 Deuts sein schwäre Sprach!

In des Waldes tiefen Gründen
ist kein Räuber mehr zu finden.

- **Französisch** ____________________

In des Waldion tiefion Gründion
ist kein Räubion mehr zu findion.

- **Polnisch** ____________________

In des Waldski tiefski Gründski
ist kein Räubski mehr zu findski.

- **Tschechisch** ____________________

In des Waldtscheck tieftscheck Gründtscheck
ist kein Räubtscheck mehr zu findtscheck.

- **Russisch** ____________________

In des Waldewitsch tiefewitsch Gründewitsch
ist kein Räubewitsch mehr zu findewitsch.

- **Chinesisch** ____________________

In des Waldtsching tieftsching Gründtsching
ist kein Räubtsching mehr zu findtsching.

- **Japanisch** ____________________

In des Waldoheio tiefoheio Gründoheio
ist kein Räuboheio mehr zu findoheio.

- **Lateinisch** ____________________

In des Waldibus tiefibus Gründibus
ist kein Räubibus mehr zu findibus.

usw.

Aus: Viktor Christen,
Schnick Schnack Schabernack

Wie karikieren Sie in Ihrer Sprache das Deutsche und andere Sprachen?

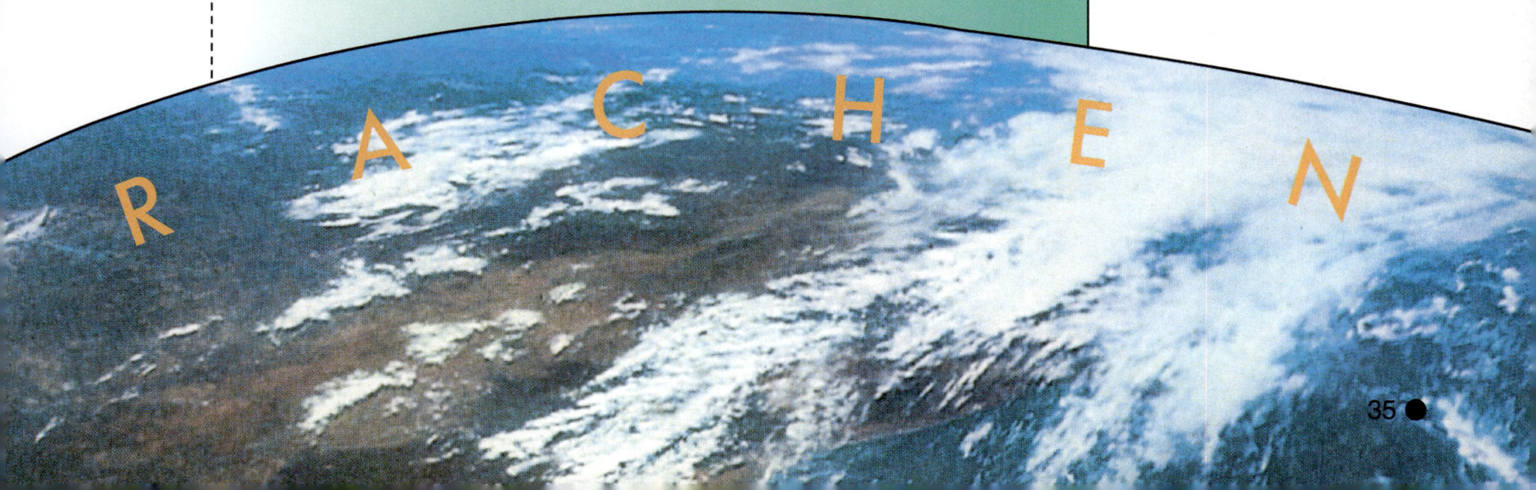

4.2 New York – 7. Tag Abfahrt

REISEN

1. Sammeln Sie: Was wissen Sie über New York (USA)?

2. Sie haben eine einwöchige Reise nach New York gewonnen. Was wollen Sie in dieser Zeit machen?

3. Lesen Sie den Text, und bearbeiten Sie die Aufgaben 4 bis 6.

4. Temporale Abfolgen: ***Was passiert?***

Vorher
In dieser Woche
Am Ende der Woche
Jetzt
Plötzlich
Vielleicht irgendwann
Vorerst

Du kommst in eine neue Stadt: du hast vorher viel über sie gehört, dein Kopf ist voll von mitgebrachten Richtersprüchen. Du stellst fest, daß jedes deiner Vorurteile sich belegen läßt, ohne große Mühe eigentlich, an jedem einzelnen ist etwas dran. Du sammelst Beobachtungen wie Beweise. Du willst dir zeigen, wie gut du die Stadt schon kanntest, bevor du dort gewesen bist. Du bringst es fertig. Das Resultat ist eine verlorene Woche, die sonstwas hätte werden können.

Im letzten Autobus fragst du dich, wie du dazu kommst, mit einer Strichliste durch die Straßen zu ziehen, den Bleistift zum Abhaken in der Hand: Richtig, Armut. Richtig, Rassenprobleme. Richtig, Kriminalität. Eine tadellose öde Reihe von Rubriken. Was, so fragst du dich, hast du dich unentwegt abzuplagen für das längst Bewiesene? Wer hat dich beauftragt mit diesem sterbenslangweiligen Job? Dein Gewissen? Lächerlich. Kommst hier an mit dem festen Vorsatz, nicht nur die Oberfläche zu sehen, und die Folge ist: du siehst gar nichts.

Jetzt ärgerst du dich, daß du nicht eine Sekunde versunken bist in der aufregenden Stadt. Daß du dich nie hast fallenlassen, wo soviel Gelegenheit war. Dabei hast du sie nicht etwa übersehen, die Gelegenheiten. Jedesmal hast du den Schritt beschleunigt, bloß weg. Ohne nachzudenken, hast du gedacht: Wo soll das hinführen? Und jetzt fragst du dich, wohin das führen soll. In den langweiligen Augenblicken hast du die Augen schön offengehalten. Du wolltest immer nur sehen, was alle schon wissen, und nie, was keiner weiß.

Plötzlich fürchtest du um deine Fähigkeit, aufgeregt zu sein. Stellst dir jemanden vor, der sich unentwegt vor dem Überraschenden hütet. Der sich alles im voraus ausrechnet und der dann versucht, so zu leben, daß die vorher gemachte Rechnung stimmt.

Vielleicht komme ich irgendwann noch einmal nach New York, das wäre gut. Vorerst fahre ich mit dem Autobus zum Flughafen La Guardia. Ich habe einen Fensterplatz und mache die Augen zu, sobald Schwarze zu sehen sind, verwahrloste Straßen, Polizisten, Weiße, Reklameschilder, Verkehrschaos.

Aus: Jurek Becker, Nach der ersten Zukunft

5. Warum „du" und nicht „man" oder „ich"?

6. Warum wechselt der Autor hier von „du" zu „ich"?

7. Immer die Augen zu schließen hilft einem natürlich auch nicht, wenn man eine Stadt entdecken will. Was könnte man denn tun?

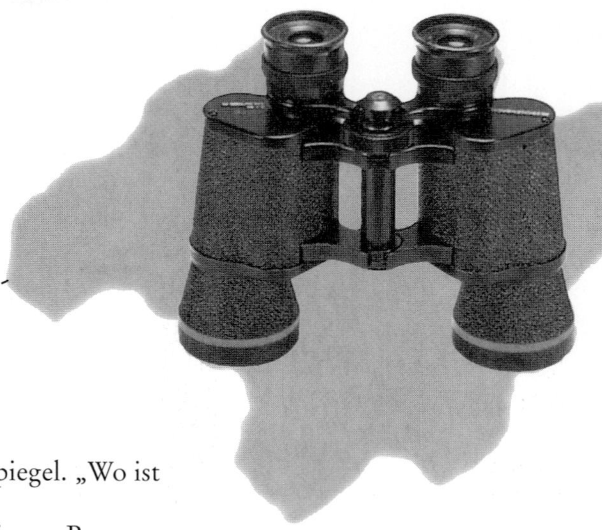

4.3 Der kleine König

REISEN

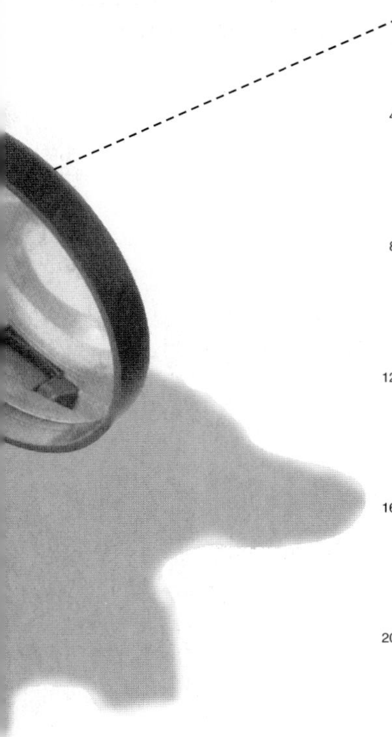

Der kleine König steht vor dem Spiegel. „Wo ist meine Krone?“ fragt er.

Aber der kleine Kammerherr hat sie zur Reparatur weggebracht. Etwas war nicht in Ordnung. Er hat die Krone in eine Aktentasche gepackt, gut in Seidenpapier eingeschlagen, und hat den Juwelier um rasche Arbeit gebeten. Denn Könige ohne Krone haben schlechte Laune.

„Gleich ist die Krone fertig“, sagt der kleine Kammerherr.

Der kleine König steht am Fenster und sieht dem kleinen Kammerherrn nach, der über die Straße läuft, um die Krone abzuholen.

Da kommt der kleine Weltreisende ins Zimmer. Er hat noch nicht einmal angeklopft, so eilig hat er es.

„Wo ist der König?“ fragt er.

„Ich bin der König“, sagt der kleine König.

„Du bist doch nicht der König“, sagt der kleine Weltreisende. „Könige tragen eine Krone.“

„Das ist richtig“, sagt der kleine König. „Dann müssen wir etwas warten. Meine Krone wird eben geholt.“

„Das ist schade“, sagt der kleine Weltreisende. „Ich hätte so gerne einen König gesehen.“

„Wir müssen warten“, wiederholt der kleine König.

Vielleicht gibt es keine Könige mehr, überlegt der kleine Weltreisende.

Da kommt der kleine Kammerherr zurück. Vorsichtig öffnet er die Aktentasche, raschelt mit dem Seidenpapier. Schließlich kommt die Krone zum Vorschein. Sie blitzt und funkelt wie neu, und der kleine Kammerherr setzt sie dem kleinen König auf.

„Oh, ein König“, sagt der kleine Weltreisende und geht zufrieden davon.

Hans-Joachim Gelberg

1. Was lernt der kleine Weltreisende?
2. Analysieren Sie den Gesprächsverlauf. Wie reagiert der kleine Weltreisende auf die Erklärungen des Königs?

AB

CARTOON

Hans Traxler: Deutsche in aller Welt

„Es ist ganz einfach: Die Bunteren sind die Männchen!"

4.4 Herr Keuner und die Flut

Herr Keuner ging durch ein Tal, als er plötzlich bemerkte, daß seine Füße in Wasser gingen. Da erkannte er, daß sein Tal in Wirklichkeit ein Meeresarm war und daß die Zeit der Flut herannahte. Er blieb sofort stehen, um sich nach einem Kahn umzusehen, und solange er auf einen Kahn hoffte, blieb er stehen. Als aber kein Kahn in Sicht kam, gab er diese Hoffnung auf und hoffte, daß das Wasser nicht mehr steigen möchte. Erst als ihm das Wasser bis ans Kinn ging, gab er auch diese Hoffnung auf und schwamm. Er hatte erkannt, daß er selber ein Kahn war.

Bertolt Brecht

1. Warum schwimmt Herr Keuner nicht schon früher?

2. Schreiben Sie eine Geschichte, die mit dem Satz endet:
   Ich hatte erkannt, daß ...

AB

5.1 Produktwerbung

Sehen Sie das Bild kurz an. Schlagen Sie dann das Buch zu, und diskutieren Sie:
Für was für ein Produkt könnte dieses Bild werben?

5.2 Bildertest

1. Wählen Sie eine Person von den Bildern auf S. 42–45 aus. Markieren Sie Ihre Einschätzung durch ein Kreuz auf der Skala.

DIE PERSON

	ist	
eher arm	–3 –2 –1 ±0 +1 +2 +3	eher reich
	ist gerade	
sehr unglücklich	–3 –2 –1 ±0 +1 +2 +3	sehr glücklich
	geht einem Beruf nach mit	
eher geistiger Arbeit	–3 –2 –1 ±0 +1 +2 +3	eher körperlicher Arbeit
	tut für die Familie (und nicht für den Beruf)	
eher sehr wenig	–3 –2 –1 ±0 +1 +2 +3	eher sehr viel
	geht in die Kirche	
gar nicht	–3 –2 –1 ±0 +1 +2 +3	sehr oft
	ist Ihnen	
eher unsympathisch	–3 –2 –1 ±0 +1 +2 +3	sehr sympathisch

2. Vergleichen Sie Ihre Einschätzungen: Wo sind sie unterschiedlich, wo sind sie gleich. Überlegen Sie, warum.

3. Lesen Sie die Auswertung im Arbeitsbuch. Hinweise zu den Personen finden Sie auch im Arbeitsbuch.

AB

Bild 1

D I E   P E R S O N   I S T

Bild 2

DIE PERSON IST

Bild 3

D I E   P E R S O N E N   S I N D

Bild 4

Bild 5

D I E P E R S O N I S T

5.3 Was für ein Mensch ist das?

Bilden Sie mehrere Kleingruppen. Die Hälfte der Gruppen arbeitet mit dem Bild im Textbuch, die andere Hälfte mit dem Bild im Arbeitsbuch.

1. Charakterisieren Sie diese Person:

Auf wie alt schätzen Sie den Mann?

Wie geht er wohl mit seinen Kollegen und Kolleginnen um?

Wie ist sein Familienleben?

Was könnte er von Beruf sein?

Was denken Sie: Wie geht er mit Geld um?

Was für Hobbys könnte er haben?

...

2. Vergleichen Sie die Ergebnisse der Gruppen, die mit demselben Bild gearbeitet haben.

3. Stellen Sie die Ergebnisse aller Gruppen im Plenum vor.

AB

4. **Spiel: Personenbeschreibung**

   Laufen Sie im Raum herum. Auf ein Kommando bleiben alle stehen. Je zwei stellen sich mit dem Rücken aneinander und beschreiben sich gegenseitig.

S

5.4 In die Köpfe gucken

1. Stellen Sie sich vor, Sie sitzen in einem Café und beobachten die anderen Leute. An einem Tisch sitzen zwei Bauern, an einem anderen Tisch sitzt ein Geschäftsmann, an einem dritten Tisch sitzt eine Gruppe junger Ärzte, und an einem vierten Tisch sitzt ein Vertreter. Beschreiben Sie die Leute: wie sie aussehen, wie sie sich verhalten.

2. Lesen Sie den Text.

Beissel, der sich immer für Menschen interessierte und sich einen Spaß, ein Spiel daraus machte, sich auszumalen, welchen Beruf, welches Hobby, welche Vorzüge, Leidenschaften, Laster, Partner ihm zufällig Begegnende wohl haben möchten – Beissel würde gern, gar zu gern gewußt haben, wen er da vor bzw. neben sich hatte.

Bauern waren es gewiß nicht; dazu waren zwei von ihnen zu blaß, und sie hatten ... zu gepflegte Hände ... Und der dritte, der große Blonde, sah trotz seiner Rotbäckigkeit und Derbheit und trotz seines Lodenanzugs und seiner überdimensionalen Flossen auch eher wie ein Gutsverwalter oder Landwirtschaftsberater oder so was aus ... Beamte?

Nein: dazu schmissen sie zu sehr mit Geld rum. Auf ihrem Tisch stand schon ein Dutzend Bierflaschen, und in einem Weinkühler neben dem Stuhl des Blonden kühlten zwei Sektflaschen. Sie hatten bestimmt bereits eine Drei- bis Vierhundert-Mark-Zeche. Das kam auch für höhere Beamte kaum in Betracht. Und wenn sie noch so bestechlich waren – sie würden ihr Schmiergeld sicher nicht in aller Öffentlichkeit auf den Kopf hauen ... Unternehmer? Schon eher. Der Große vielleicht ein Bauunternehmer; der mit dem intellektuellen Habitus vielleicht Apotheker oder – ja, Arzt? Gynäkologe ...? So zynisch, wie er manchmal guckte ... Und der in der Mitte?

Schwer zu sagen, Kaufmann? Und welche Branche? Er war ganz gut angezogen ... Textilien vielleicht. Oder war er Rechtsanwalt? Nein; dann wäre er großmäuliger, lauter, eitler ... Wahrscheinlich doch Kaufmann ... oder? Reisender? Ja – Vertreter! Na klar, das war ein Vertreter. Das sah man schon an seiner Art, sich anzupassen, devot zu lächeln, obwohl die beiden anderen offensichtlich gar nicht seine Kunden waren.

Solange auf der Bühne nichts los war, steckten die drei die Köpfe zusammen. Einer, meist der große Blonde, erzählte was – höchstwahrscheinlich zotige Witze, und dann fuhren sie mit brüllendem Gelächter auseinander, tranken, steckten wieder die Köpfe zusammen und bogen sich abermals vor Vergnügen ... Nur daß eben der eine, der Kaufmann oder Vertreter, ganz deutlich nicht bei der Sache war und das Vergnügtsein nur spielte.

Vielleicht ist er krank? überlegte Beissel; hat er Schmerzen? Oder er hat Ärger in seinem Laden? Mit seiner Frau? Seinen Kindern? Möglicherweise ist sein Junge ein Radikaler und darf nun nicht Lehrer werden, und der brave, halbrechte Vater hat das ganze Studium vergebens bezahlt...? Oder die Tochter geht auf den Strich...? Ach, Geschichten, Geschichten! – Wenn eine Fee käme und mich fragte, was für drei Wünsche ich hätte, dann würde ich mir als erstes wünschen, in aller Leute Köpfe gucken zu können. Da hätte ich Stoff für tausend Erfolgsromane. Als zweites würde ich mir eine Brieftasche wünschen, die nie leer wird, in der immer so viel darin ist, wie ich gerade brauche ... Eigentlich Quatsch! Dann wäre es gar nicht nötig, in aller Leute Kopf gucken zu können – denn dann brauchte ich gar keine Stoffe, um Erfolgsromane zu schreiben – wozu denn? Und als drittes ...

Er kam nicht dazu, sich den dritten Wunsch auszudenken, denn die Lichter im Lokal wurden gedämpft. Aus dem Lautsprecher neben der Minibühne kam indische Musik. Ein Mann in schlecht sitzendem Smoking trat ins Scheinwerferlicht und kündigte in mühsamem Hochdeutsch, durch das ein schlecht vertuschter rheinischer Dialekt schimmerte, den Fakir Rabindranath an, der sogleich die weibliche Schlange Rakipunda oder so ähnlich mit seiner Flöte beschwören werde …

Aber in den Kopf des Vertreters möchte ich schon gucken können, dachte Beissel, als er wieder das erlöschende Gesicht Voigts am übernächsten Tisch sah.

Er konnte nicht ahnen, daß der Mann, der ihn so interessierte, ihn bald sehr beschäftigen würde. Um das ahnen zu können, hätte er sich als dritten Wunsch von seiner imaginären Fee den Blick in die Zukunft erfüllen lassen müssen … Aber wer, der einen Rest Verstand hat, wünscht sich das schon?

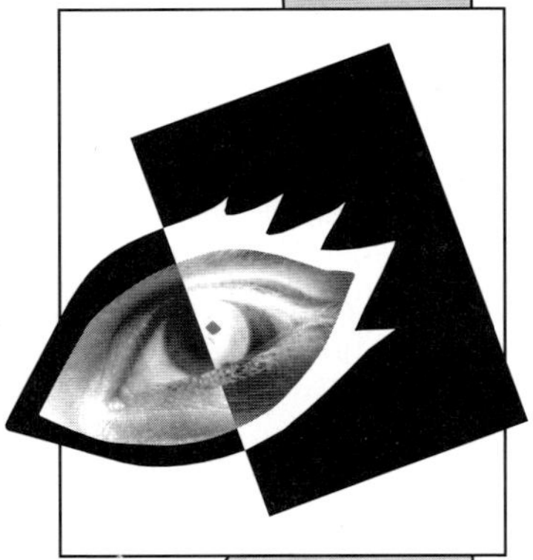

Aus: Hansjörg Martin,
Der Kammgarn-Killer

3. Bilden Sie zwei Gruppen. Jede Gruppe überlegt sich acht Fragen, die eine Gruppe Fragen zu Beissel und die andere Fragen zum Publikum im Lokal.
Stellen Sie sich anschließend gegenseitig die Fragen.

4. **Spiel: Personenporträt**

Ein Teilnehmer/eine Teilnehmerin verläßt den Raum. Die anderen einigen sich auf eine allen bekannte Person (eventuell ein Gruppenmitglied), die von ihm/ihr erraten werden soll. Dazu darf der/die Ratende – wieder hereingerufen – Fragen folgender Art stellen: „Wenn die betreffende Person ein Auto (ein Haus, eine Pflanze, ein Tier, ein Musikstück usw.) wäre, was für ein Auto (Haus usw.) wäre sie dann?

5.5 Arztbesuch

Was verändert sich in der Bildgeschichte?

7

5.6 Was ist ein Psychologe?

1. Erklären Sie:
   Was ist ein Psychologe?

2. Welche Hintergrundinformationen müßten Sie einem Deutschen geben, um ihm zu erklären, was Sie beruflich tun?

3. Lesen Sie den Text.

Eine Gruppe von Schweizern, unter ihnen ein Psychologe, besucht ein Stahlwerk in China. Herr Kong führt die Besichtigung, Herr Tung ist der Übersetzer.

Welchen Beruf ich habe? ließ Kong fragen. – Was sagte ich hier am besten? Ich sei psychologischer Berater. […] – Was ich arbeite? ließ er nachfragen. – Ich beriete Leute, wie sie ihre Schwierigkeiten am besten lösen könnten. – In welchem Betrieb? – In keinem Betrieb, ich unterhielte eine freie, ich wolle sagen: private Praxis. – Um welche Produktionsschwierigkeiten es sich handle? […] – Die Schwierigkeiten, mit denen ich es zu tun habe, seien ebenfalls vorwiegend privater Natur. Jedenfalls würden sie in meinem Land so erklärt. Es handle sich um menschliche Beziehungen, z. B. diejenigen zwischen Mann und Frau. – Er habe gehört, daß es bei uns Eheberater gebe, sagte Kong, ob ich ein solcher sei? – Ein solcher sei ich nicht, bat ich Tung zu übersetzen. Die Beziehungen, für die ich als Berater tätig sei, stellten bei uns ein so weitläufiges Problem dar, daß es mit der Eheschließung allein nicht zu lösen sei. Oft stelle die Ehe sogar selbst das Problem dar, jedenfalls erschiene es meinen

Klienten so. – Hier fragte Tung aus eigenem Antrieb zurück, ob ich Jurist sei. – Nein, wie er darauf komme. – Ich hätte von Klienten geredet, aber vielleicht sei sein Deutsch mangelhaft. – Ich hätte vielleicht eher von Patienten reden sollen. – Aha, sagte Tung wie erleichtert, und begann wieder zu übersetzen. Ich sei also Arzt. – Das wieder nicht, ich versuche den Leuten, die zu mir kämen, vielmehr den Arzt zu ersparen. – Damit leiste ich meinen Beitrag zur Produktion, ließ Kong sagen, je weniger Krankheiten, desto mehr Leistung. – Viele meiner Patienten seien gerade wegen zu viel Leistung krank geworden, sagte ich [...] aber [...] das Eingeständnis, daß sie eigentlich krank seien, falle den Menschen bei uns sehr schwer, besonders Männern. – [...] Tung blickte in tiefer Verlegenheit vor sich zu Boden, er wußte nicht, ob er recht verstanden habe, und Kong schien doch recht dringend auf eine Übersetzung zu warten.

Aus: Adolf Muschg, Baiyun

4. Wie versucht Herr Kong herauszubekommen, was ein Psychologe ist? Warum ist das so schwer?

5. Wie würde das Gespräch zwischen dem Psychologen und Herrn Kong verlaufen, wenn Herr Kong gut Deutsch könnte? Würden sie sich dann besser verstehen? Schreiben Sie das Gespräch.

AB

6. **Spiel: Beruferaten**

S

a. Überlegen Sie: was könnte ein Nudeldesigner, ein Schrankenwärter, eine Müllinspektorin, eine Dufttesterin sein?
b. Überlegen Sie sich einen besonders ausgefallenen Beruf. Stellen Sie „Ihren" Beruf mit einer typischen Handbewegung vor, und lassen Sie die anderen raten, was Sie sind (maximal 10 Fragen). Sie dürfen nur mit Ja oder Nein antworten.

6.1 Was ist normal?

1. Betrachten Sie kurz die Bilder auf den Seiten 53–56, und notieren Sie, was Sie eventuell als nicht normal (überraschend, widernatürlich, nicht gesellschaftskonform) empfinden. Die Adjektive im Arbeitsbuch (S. 136) können Ihnen als Formulierungshilfe dienen.

2. Tauschen Sie Ihre Eindrücke im Plenum aus.

3. Diskutieren Sie: „Was ist normal?“

4. Auf der Cassette haben einige Deutsche geäußert, was ihnen an den Bildern auffällt. Legen Sie einen Arbeitsbogen an, notieren Sie die Angaben zur Person, und schreiben Sie stichwortartig auf, was für diese Leute normal bzw. nicht normal ist.

5. Vergleichen Sie die Äußerungen der Deutschen mit Ihren eigenen Einschätzungen der Situation.

Was ist n

	Sie selbst	Deutsche(r) Nr. 1
Angaben zur Person Geschlecht: Alter: Beruf: Wohnort: Geburtsort: Sprache/Dialekt: Sonstiges:		
Bild Nummer	Ihre Eindrücke	Eindrücke
1		
2		
3		

Bild 1

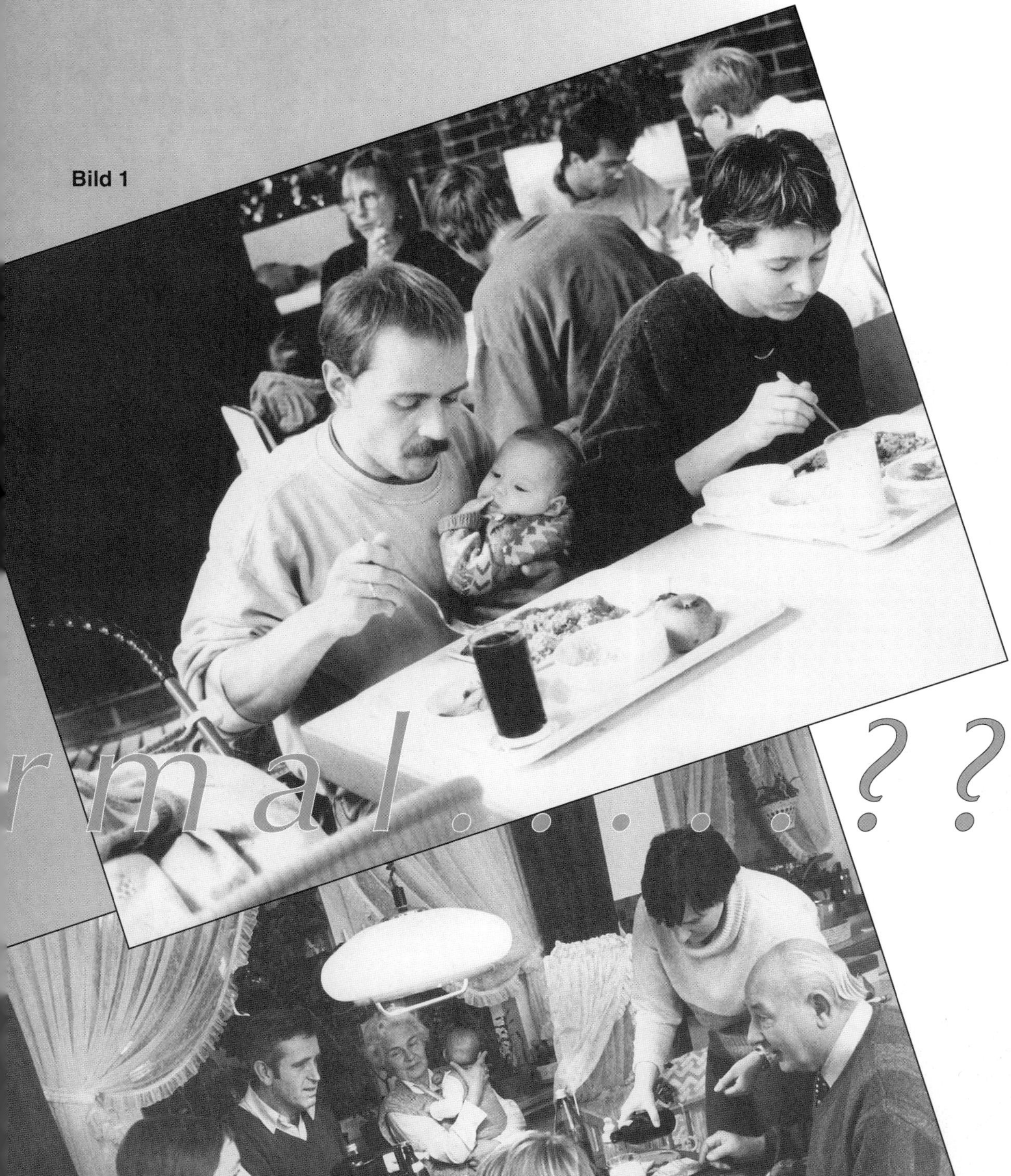

rmal . . . . ??

Bild 2

Bild 3

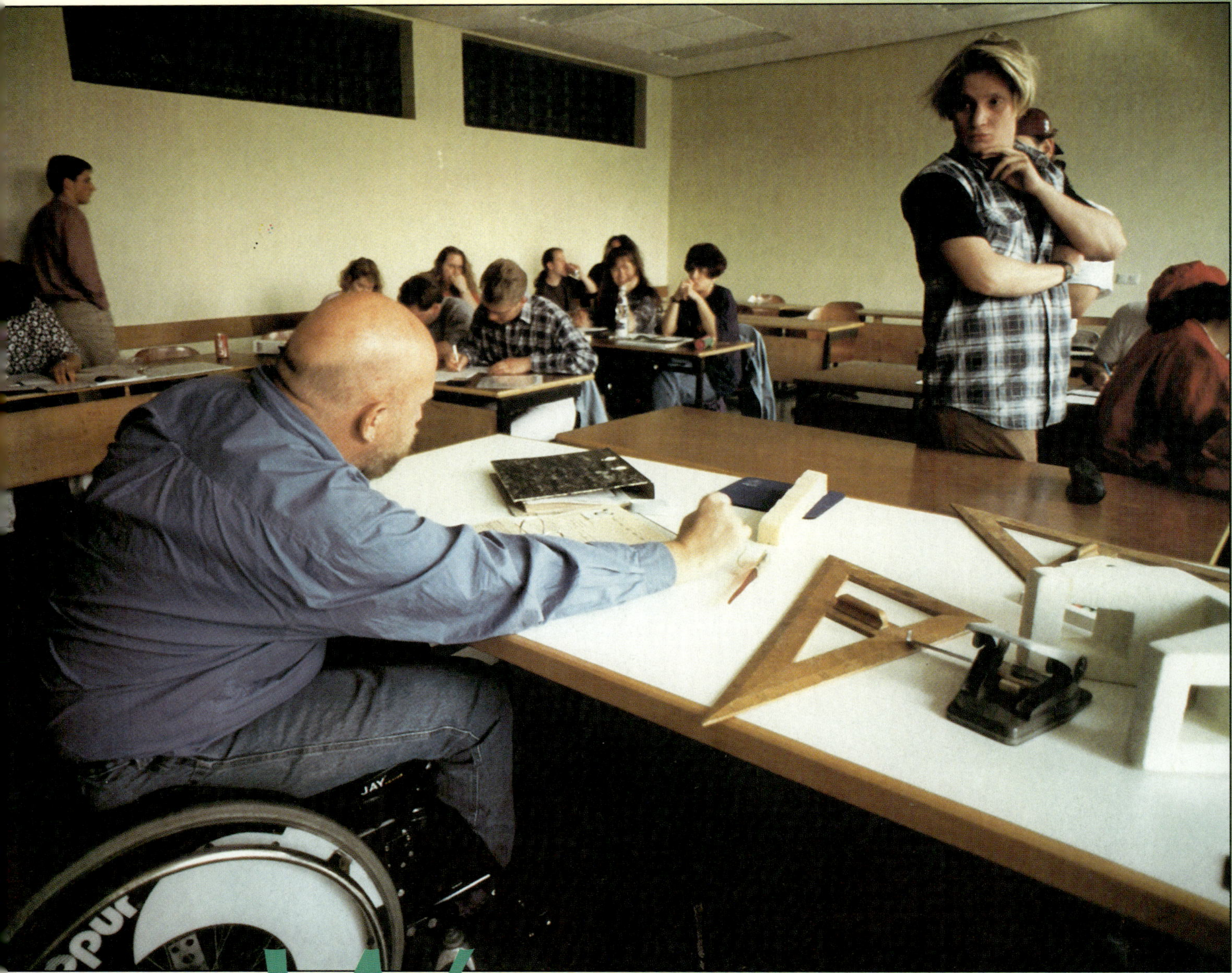

Was ist no

Bild 4

rmal.....??

Bild 5

Bild 6

6.2 Vor dem Gesetz

1. – Was für Personen und Gruppen nehmen an Gerichtsverhandlungen teil?
   – Welche Funktion haben sie?

2. – Hören Sie jetzt den Ausschnitt aus einer Gerichtsverhandlung. Worum geht es in diesem Fall?

3. – Hören Sie den Text noch einmal. Welche Verhandlungsstrategie verfolgt
     – der Staatsanwalt?
     – der Angeklagte?
   – Welche Funktion hat der Richter?

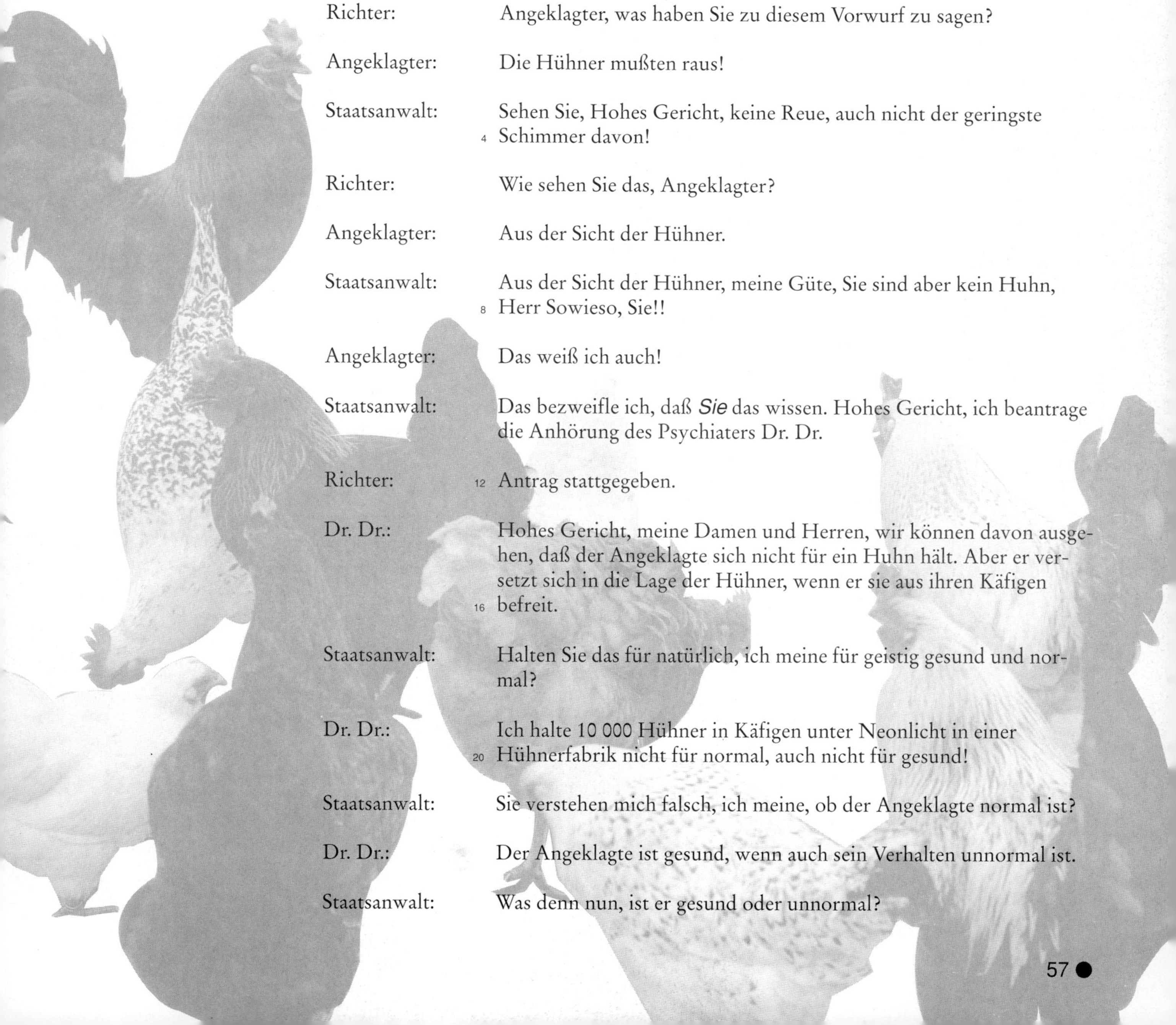

Richter: Angeklagter, was haben Sie zu diesem Vorwurf zu sagen?

Angeklagter: Die Hühner mußten raus!

Staatsanwalt: Sehen Sie, Hohes Gericht, keine Reue, auch nicht der geringste Schimmer davon!

Richter: Wie sehen Sie das, Angeklagter?

Angeklagter: Aus der Sicht der Hühner.

Staatsanwalt: Aus der Sicht der Hühner, meine Güte, Sie sind aber kein Huhn, Herr Sowieso, Sie!!

Angeklagter: Das weiß ich auch!

Staatsanwalt: Das bezweifle ich, daß *Sie* das wissen. Hohes Gericht, ich beantrage die Anhörung des Psychiaters Dr. Dr.

Richter: Antrag stattgegeben.

Dr. Dr.: Hohes Gericht, meine Damen und Herren, wir können davon ausgehen, daß der Angeklagte sich nicht für ein Huhn hält. Aber er versetzt sich in die Lage der Hühner, wenn er sie aus ihren Käfigen befreit.

Staatsanwalt: Halten Sie das für natürlich, ich meine für geistig gesund und normal?

Dr. Dr.: Ich halte 10 000 Hühner in Käfigen unter Neonlicht in einer Hühnerfabrik nicht für normal, auch nicht für gesund!

Staatsanwalt: Sie verstehen mich falsch, ich meine, ob der Angeklagte normal ist?

Dr. Dr.: Der Angeklagte ist gesund, wenn auch sein Verhalten unnormal ist.

Staatsanwalt: Was denn nun, ist er gesund oder unnormal?

Dr. Dr.: Er ist gesund, sein Verhalten ist aber unnormal, solange wir zulassen, daß die Hühner in Käfigen gehalten werden!

Richter: Herr Dr. Dr., wollen Sie damit sagen, daß der Angeklagte normal ist und alle Menschen, die Hühner in Käfigen halten oder dies zulassen, unnormal sind?

Dr. Dr.: Hohes Gericht, Sie sagen die Wahrheit!

Angeklagter: Und nichts als die Wahrheit: Die Hühner mußten raus!

Richter: Angeklagter, Sie haben mit Ihrer Aktion einen Sachschaden in Höhe von fast 60 000 Mark angerichtet!

Angeklagter: Hühner sind Lebewesen und keine Sachschäden!

Staatsanwalt: Das waren Suppenhühner!

Angeklagter: Kein Huhn kommt als Suppenhuhn aus dem Ei! Außerdem: ich habe die Hühner ja nicht gestohlen, sondern lediglich befreit!

Staatsanwalt: Ist eine Zwischenfrage an den Angeklagten gestattet?

Richter: Bitte, Herr Staatsanwalt.

Staatsanwalt: Angeklagter, Sie sagten, Sie hätten die Hühner befreit!

Angeklagter: Jawohl, Euer Ehren.

Staatsanwalt: Sagen Sie bitte, haben Sie schon einmal darüber nachgedacht, daß Millionen lieber Schweinchen eingepfercht in engen Ställen „leben“ müssen?

Angeklagter: Die Schweine müssen raus!

Staatsanwalt: Und die vielen Kinder, die morgens in die Schule müssen, wo sie stillsitzen und was lernen sollen?

Angeklagter: Die Kinder müssen raus!

Staatsanwalt: Und die vielen alten Menschen in den Altersheimen?

Angeklagter: Die Alten müssen raus!

Staatsanwalt: Und die ...

Richter: Herr Staatsanwalt, was soll diese Befragung?

Staatsanwalt: Euer Ehren, zwei Fragen noch, dann bin ich fertig.

Richter: Aber bitte nicht mehr als zwei Fragen!

Staatsanwalt: Angeklagter, was ist mit den Tausenden verrückter Idioten in unseren Heilanstalten?

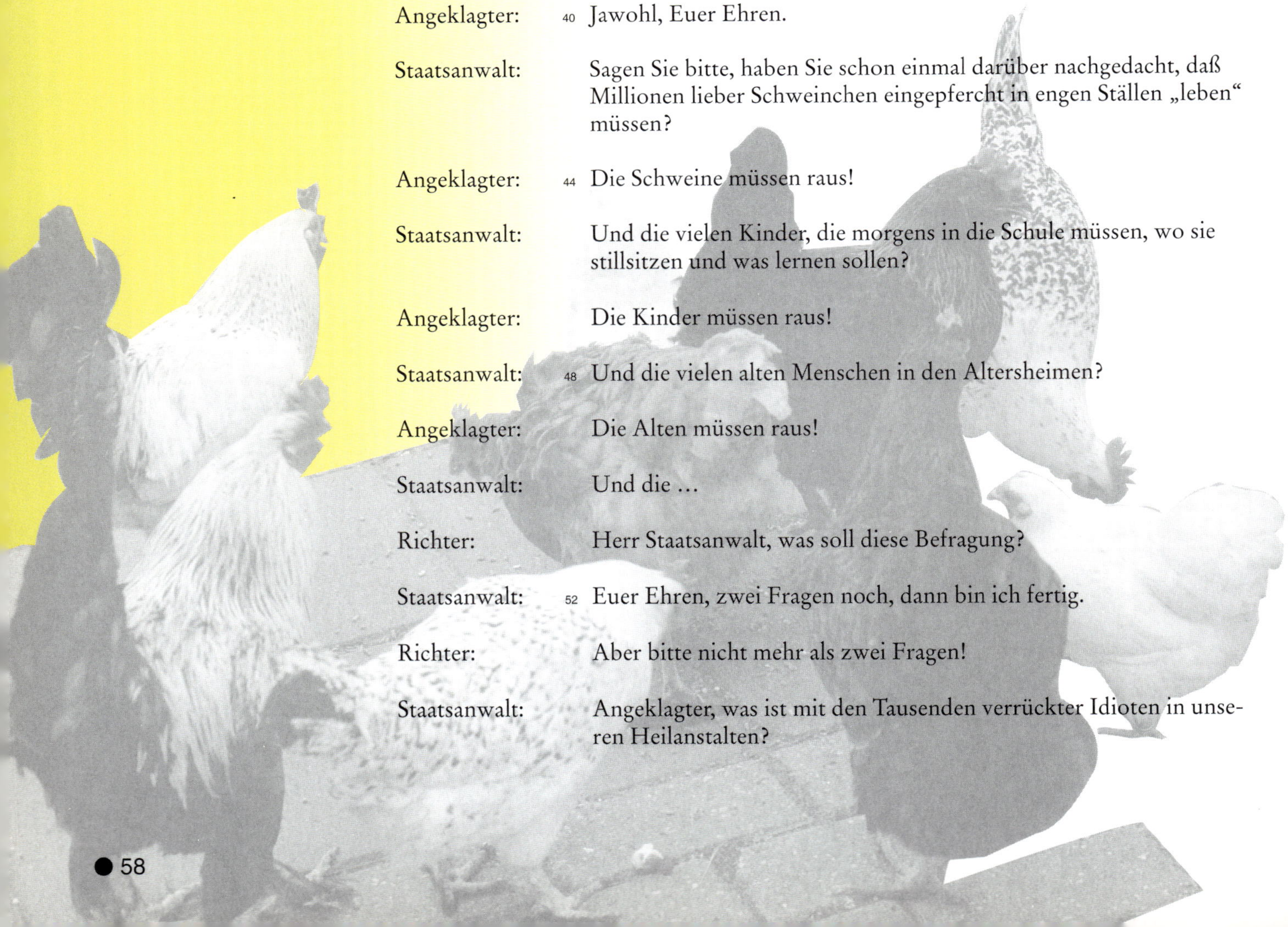

Angeklagter: Diese Menschen müssen raus!

Staatsanwalt: Und die vielen Gefangenen in unseren Gefängnissen?

Angeklagter: Die Gefangenen müssen raus!

Staatsanwalt: Ist das Ihr letztes Wort?

Angeklagter: Sie müssen raus!

Staatsanwalt: Ja, aber …

Dr. Dr.: Hohes Gericht, ich möchte darauf hinweisen, daß der Angeklagte völlig normale Forderungen …

Staatsanwalt: DAS nennen Sie normal?

Reinhardt Jung. Aus: U. Wandrey (Hrsg.), Kein schöner Land?

4. **Das Gericht zieht sich zur Beratung zurück**

Spielen Sie in mehreren Gruppen „Gerichtsberatung". Diskutieren Sie die Frage, ob der Angeklagte schuldig ist oder nicht. Begründen Sie Ihre Urteile schriftlich. Benutzen Sie für die Diskussion die Redemittel im Arbeitsbuch.

AB

6.3 Szenenwechsel

Die Lichtung unweit der Stadt.

Vögel.

Das Laub.

Mischwald.

Stille.

Die Sonne.

Der Weg durch diese Lichtung.

Auf dem geht Bert Franke.

Abschalten, einmal ausspannen, vergessen die Stadt, den Lärm, die Fabrik. Sich erholen, sich richtig gehen lassen. Ein schöner Tag, denkt er.

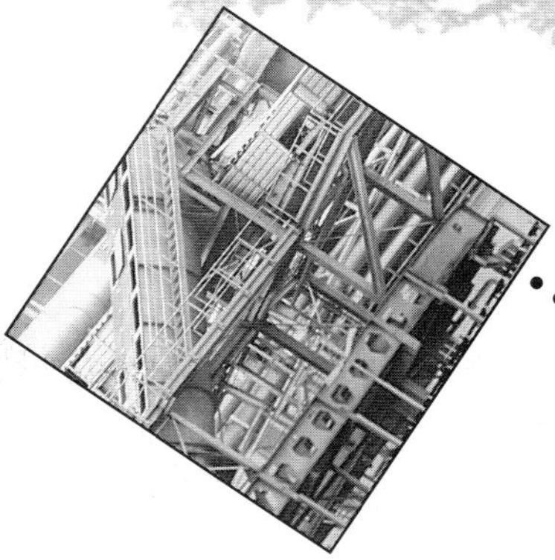

Herbert Koch läuft denselben Weg entlang. Nur von der anderen Seite.

Gut, daß kein Ausflugslokal in der Nähe, die Spaziergänger sonst, vielleicht noch mit Autos; langt, wenn sie die Stadt verpesten. Und die Unfälle. Hoffentlich kommt die Sonne richtig durch, denkt er.

Beide laufen langsam aufeinander zu.

Einmal allein sein, ohne Bekannte und das Gerede. Viel öfter müßte man einfach so, überlegt Bert Franke, loslaufen ohne Ziel.

Pilze könnten hier stehen, dort hinten stehen sicher Pilze, überlegt Herbert Koch, Pfifferlinge vielleicht nicht, aber Maronen, Edelreizger.
Etwas feuchter müßte es werden.

Bert Franke spielt mit seinem Haar, dreht den Kopf schnell nach rechts, schnell nach links, so daß es ins Gesicht schlägt, sich im Bart verfängt.

Herbert Koch will nicht mehr an Pilze denken. Er pfeift ein Lied und, ohne es zu beenden, wechselt er zu einer anderen Melodie, steckt das zu kurze Hemd in die Hose, aus der es immer herausrutscht.

Dahinschlendern.

Die fast geschlossene Decke aus Laub zertreten.

Spazierengehen. Gammeln.

Noch recht kräftig die Sonne, ein schöner Herbst, wer hätte das gedacht, nach diesem Sommer.

Die Jacke hätte ich nicht mitzunehmen brauchen, nur eine unnötige Last, die Jacke hätte ich zu Hause lassen können.

Aber im Schatten ist es schon kühl, denkt Bert, im Schatten friert man fast.

Doch man weiß vorher nie, denkt Herbert, schließlich regnet es oft unerwartet.

Beide kommen sich näher.

Bert beobachtet die Wolken am Himmel.

Herbert einen Igel im Gestrüpp.

Ein Eichhörnchen, das sich von Ast zu Ast bewegt.

Das Netz zitternder Zweige.

Dieser Geruch.

Herbert Koch sieht einen jungen Mann.

Bert Franke bemerkt einen älteren Mann.

Vielleicht siebzehn, denkt Herbert.

Vielleicht sechzig, überlegt Bert.

Bei dem Beet am Zaun mache ich die zwei alten Reihen noch diese Woche weg. Die tragen nichts mehr, neue Senker müssen rein, sonst wächst keine ordentliche Beere. Wo die Enkel Erdbeeren so gern essen. Friedrich mal fragen. Friedrich hat bestimmt Senker übrig.

Bei Martin anschließend vorbeisehen, auf dem Rückweg. Oder ich hole zuvor das Tonband, die „Pink Floyd" könnte ich dann überspielen, James Brown gleich mit. Martin müßte da sein, zu spät darf ich allerdings nicht hingehen. Hoffentlich hat er die LP's nicht schon zurückgegeben.

Bert und Herbert treffen sich bald.

Jeder mustert sein Gegenüber.

Drei Schritte noch oder vier.

Der Weg ist zu schmal für zwei Personen, denkt Bert und tritt zur Seite.

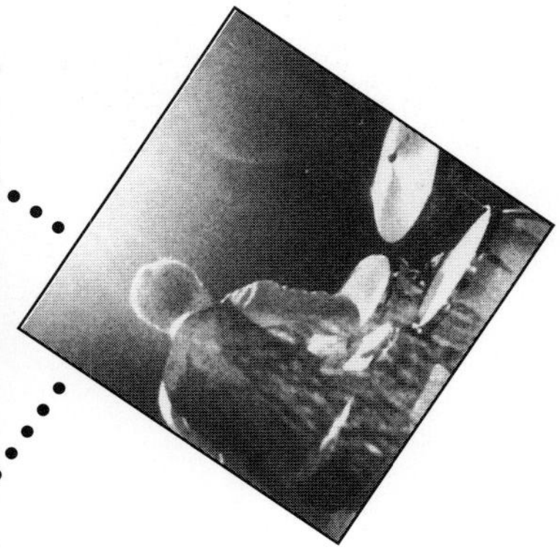

Was passiert jetzt?

Da bleibt Herbert stehen, kurz vor Bert, auf dessen Haare er deutet, den rechten Zeigefinger anhebend.

Er sagt:

„Früher, bei Hitler, hätte man dich vergast!"

Der Finger bleibt kurz in der Luft hängen. In Brusthöhe.

Nur kurz und Herbert Koch geht weiter.

An Bert Franke vorbei, weiter.

Bert schweigt. Oder schweigt nicht und tritt zurück auf den Weg.

Tritt zurück, dreht sich um, brüllt: „Dich genauso, Dreckskerl!"

Lutz Rathenow

1. Wie verlaufen die Wege der beiden Personen? Machen Sie eine Skizze.

2. Schreiben Sie an die verschiedenen Stationen des Weges die Gedanken der beiden Personen.

3. Beschreiben Sie die beiden Personen. Belegen Sie Ihre Beschreibung mit Textstellen.
   Welche Mittel benutzt Rathenow, um die Protagonisten zu charakterisieren?

4. Welche äußeren Merkmale von Bert provozieren die Aggression?

5. Was alles verkörpert Bert Franke für Herbert Koch?

6. Schreiben Sie den Text um. Machen Sie daraus eine Begebenheit, wie sie eventuell in Ihrem Land passieren könnte. Ändern Sie die Namen, unter Umständen den Schauplatz, usw.

sich als Wachhund an der
chen beiden Sphären, er vertr
Grenzverletzer zur Not, wie in
em Fall, auch mit Bissen
Der Grund, warum ich
verjährte Angelegen
ist schnell
möchte James
führen, doch der Man
merkt sie nicht einmal,
iert ihre Kurven, über
Lächeln; er muß k
oder schwer ge
ls Zuschauer n
anchmal, man m
onnenbrille aufse
n vorm Strahlen d
zu schützen.
fällt ihr rech
aß mehrere ih
auf dem Sc
brannten
Rechtsanwalt Lie
weiten Anwalt aus d
lle unangenehme A
gen sollte, einen jun
men Arnold. Der b
rsten Auftritt vor G

BEDEUTUNG

SICHTWECHSEL 1

TEIL 7 HUND: FUNKTION UND BEDEUTUNG

TEIL 8 WOHNEN: FUNKTION UND BEDEUTUNG

TEIL 9 BENENNUNGEN

7.1 Textcollage: HUND

HUND

Angehöriger einer Familie weltweit verbreiteter, kleiner bis mittelgroßer Raubtiere mit gut ausgebildetem Geruchs- und Gehörsinn, werden in der Gefangenschaft rasch zahm.

(Wahrig *Deutsches Wörterbuch* 1980)

HUND

„Wenn Hunde sprechen könnten", schrieb der tschechische Feuilletonist Karel Čapek, „kämen wir mit ihnen vielleicht genauso schlecht zurecht wie mit den Menschen."

Stadtverwaltung boppard am Rhein

1. Name, Vorname

Boppard, ...

Ortsbezirk

Straße

Wohnort

Anmeldung / Abmeldung *)

Hiermit melde ich meinen Hund / meine Hunde (Anzahl: ___) *) nach § 10 der Satzung der Stadt Boppard über die Erhebung von Hundesteuer vom 28.12.1987, in der zur Zeit gültigen Fassung, zum ____________ an / ab *). Es handelt sich bei vorstehender Anmeldung um den ___ Hund.

Unterschrift

*) Nichtzutreffendes bitte streichen

2. EDV-berichtigt

PK:..

3. Hundesteuer-Nr.:..........................

4. Z. d. A.

HUND

[umg.] Kerl, Bursche; gemeiner Kerl; der ~! der gemeine Kerl

(Wahrig *Deutsches Wörterbuch* 1980)

HUND

Tiermarkt

HUND

Zwergdackel, schwarz/rot, Ahnentafel, deutscher Teckelclub, Impfpaß, abzugeben.

Türk. Hirtenhündin (40 cm hoch, folgsam, 3 J. alt, sucht liebevollen neuen Besitzer wegen Baby beim jetzigen.

Loyal-Hundenahrung	850 ml	1,19
ARTUS Saftige Bällchen in leckerer Soße	800 g	1,49
Markies: die kernige Zwischenmahlzeit, knackiger Getreidemantel	300 g	2,45
Schmackos *mit Rind* Herzhafte Snacks	10 St.	2,99

HUND

DER HUND

Mein Gärtner sagt mir: Der Hund
Ist kräftig und klug und gekauft
Die Gärten zu bewachen. Sie aber
Haben ihn erzogen zum Menschen-
Freund. Wofür bekommt er sein
Fressen?

Bertolt Brecht

Wer hat ihn gesehen?
Chau-Chau, Rüde, entlaufen!
Besondere Merkmale: dunkelbraun,
fast schwarz am Hinterteil, helle
Punkte auf der Brust, lila Hals-
band. Hört auf den Namen „Pilly".
Wiederbringer erhält Belohnung!

HERMANN

7.2 Interview: Hermann

1. Hören Sie den Text einmal. Notieren Sie die Themen, über die gesprochen wird.
2. Hören Sie den Text jetzt noch ein- oder zweimal. Sammeln Sie dabei Informationen zu den einzelnen Themen.
3. Wie hält die Interviewerin das Gespräch in Gang? An welcher Stelle und wie interveniert sie? Wo hat sie Fragen?
4. Lesen Sie die Transkription auf Seite 142. Wo haben Sie Fragen?
5. Sammeln Sie aus der Transkription die Definitionen für
   - Begleithundprüfung
   - einen Hund trimmen
   - Dressur bzw. Ausbildung
   - Hundeplatz

AB

7.3 Projekt: Interview

P

1. Was würde Sie noch interessieren, wenn Sie Gelegenheit hätten, mit Svenja zu sprechen?

2. Interviewen Sie Leute zum Thema „HUND“. Bereiten Sie die Fragen vor, und berichten Sie anschließend in der Klasse.

7.4 Hunde, Hunde, Hunde

Überlegen Sie: Was könnte in diesen Zeitungsartikeln stehen? Schreiben Sie kurze Texte zu den Titeln. Im Arbeitsbuch finden Sie die Originaltexte.

AB

8.1 Bettgeschichten

1. Welche unterschiedlichen Funktionen hat das Schlafzimmer für die einzelnen Personen? Wie kann man das auf den Bildern erkennen?

2. Hören Sie die Texte auf der Cassette, und ordnen Sie die Bilder den Personen zu.

Bild 1

Bild 2

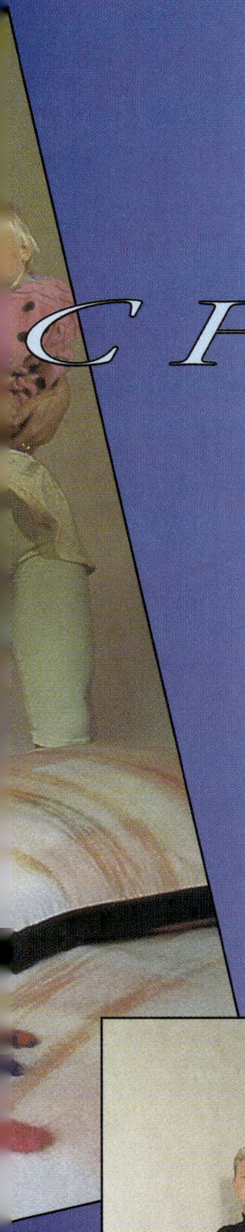

CHTEN

Bild 4

Bild 3

Bild 5

Manche holen sich das Leben auf die Bude

Ingo Heuer, 27, Baumpfleger: „Den Baum, aus dem mein Bett ist, hab' ich vor vier Jahren im Schrebergarten eines Freundes gefällt. Die schöne Kirsche mußte weg, wegen 'ner Airbushalle. Ich hab' das Holz im Garten meiner Eltern unter einer Plane gelagert, dreieinhalb Jahre lang. Holz muß ja langsam trocknen. In der ganzen Zeit schwebte mir was im Kopf rum.

Ich habe dann mit Zugmesser und Schleifgerät die runden Äste in eine annähernd eckige Form gebracht und zu einem Gestell gefügt. Unterm Bett ist ein Bettkasten. Die Bretter sind aber gekauft, Fichte. Am Kopfende habe ich ein paar krumme Kirschbaumreste dekorativ arrangiert. Alles ist mit einem Bienenwachsprodukt wasserabweisend angepinselt. Trotzdem atmet das Holz noch, sonst würde es reißen. Ich schlafe auf einem Futon, 2,30 mal 2,40. Zur Einweihung haben mir meine Eltern eine baumwollene Tagesdecke in Cremeweiß geschenkt. Die Bodenlampe, getriebenes Kupfer, hab' ich auch selbst gemacht. Auch den ovalen Tisch, Eiche massiv. Die Bilder stammen aus dem Kalender einer Forstbaumschule. Darüber ein Geweih: die Abwurfstange eines Rothirschs. Die haben ja zwei Stangen, eine davon hängt nun da. Die werfen jedes Jahr ihr Geweih ab. Jäger bin ich nämlich auch. Ich hab' haufenweise Topfpflanzen: Russischen Wein, 'n paar Palmen und andere. Ich find' mein Schlafzimmer urgemütlich. Findet Tanja auch. Tanja ist meine Freundin, drei- bis viermal die Woche kommt sie her. Wenn ich mehr Zeit hätte, würde ich mich noch öfter im Schlafzimmer aufhalten, Musik hören und lesen. Was? Alles quer durch. Frühstück im Bett? Nö, unten neben der Kaffeemaschine ist es noch gemütlicher. In meinem Schlafzimmer treffen wir uns auch zu Spielabenden. Tanja und meine Freunde. Wir spielen Karten oder ‚Spiel des Lebens'. Ich mach' mein Bett eigentlich nur zum Wochenende. Muß ja morgens um halb sieben raus. Von rotem Licht halte ich nicht viel. Find' ich puffig."

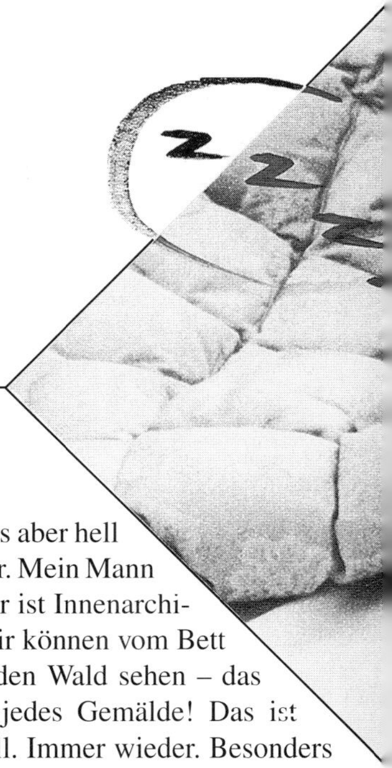

Der Mensch ist eigentlich ein Höhlentier

Cornelia Sellschopp, 32, Designerin: „Die beiden Tiger liegen immer auf dem Bett. Der große Tiger heißt der kleine Tiger und gehört mir. Der kleine Tiger heißt der kleine kleine Tiger und gehört meinem Mann Heino. Der kleine kleine Tiger guckt irgendwie frecher. Die Ablage aus bemaltem Holz hinterm Bett heißt Punktetiger. Unser Schlafzimmer hat eine archaische Atmosphäre. Das Bettgestell ist selbstgezimmert, die Bettwäsche selbstgenäht; Lattenroste auf niedrigen Klötzen, lachsfarbenes Bettzeug mit schwarzem Rand. Darüber eine finnische Wolldecke in Pink, Rot und Lila. Ein Stück Stoff aus Finnland hängt als Bild an der cremeweißen Wand. Auf dem Boden liegt heller Kokos. Die Leuchte heißt ‚One from the heart', ein Weihnachtsgeschenk meines Mannes. Dahinter mein zweiter Mann, ein stummer Diener. Sein Kopf ist verspiegelt. Mein zweiter Mann trägt ab und zu meinen Strohhut, den mein erster Mann Papierkorb nennt. Mein Schminktisch ist 'n bißchen postmodern, ein anthrazitfarbener Lacktisch mit dreiteiligem Klappspiegel. Darauf stehen wahnsinnig schöne alte Holzkästen, Schachteln und Kristalldosen von Großmutter und Großtante. Meinen Schmuck – selbst entworfen – verwahre ich in einem Intarsienkästchen von 1830. Mit Geheimfach. Da sind alte Liebesbriefe drin. Meine Parfümpröbchen aromatisieren eine alte Teedose. Daneben steht ein Photo von Berit, meinem anderthalbjährigen Sohn. Er hat eine Wurstscheibe auf den Knien. Schnappschuß vom letzten Picknick. Der Kleiderschrank ist ebenfalls Eigenbau: zwei Lagerregale mit einer Stange dazwischen, davor Nessel an einem Drahtseil bis zum Fenster – das einzig Üppige in unserem Schlafzimmer. Meine Tante Karin sagt immer: ‚Also, Cornelia, du mußt unbedingt was machen, es sieht so kalt aus hier!' Ich brauch's aber hell und klar. Mein Mann auch. Er ist Innenarchitekt. Wir können vom Bett aus in den Wald sehen – das ersetzt jedes Gemälde! Das ist total toll. Immer wieder. Besonders die blaue Stunde ist super, so geheimnisvoll. Da kann man vom Bett aus wunderbar träumen. Unser Schlafzimmer ist ein Refugium, hier kann man ich sein, auftanken. Ich gehe auch manchmal mittags hierher und lese. Spätabends telefoniere ich vom Bett aus. Ich bin ziemlich telefonierwütig. Sonntags morgens toben wir mit den Kindern. Echt toll. Ich trage nachts entweder einen Seidenpyjama oder ein altes, besticktes Leinennachthemd. Im Haus laufen wir nur in Birkenstock-Latschen herum. Unser Wecker: die Vögel."

Manche Schläfer sind hier nur wie auf Besuch

Änne, 75, und Edmond, 71, Altenteiler. Sie: „Im Schlafzimmer schläft man. Da spielt sich sonst nichts ab. Um zehn gehen wir zu Bett, um sieben stehen wir wieder auf. Die Einrichtung haben wir uns vor 15 Jahren geleistet. Ganz hell, Fichte natur. In dem Bett liegt man so schön. Zwei mal zwei Meter, ein Stück, keine Besucherritze. Darüber haben wir was Buntes, wie die Tagesdecken heute so sind. Die Tapeten sind auch geblümt. Dazu lindgrüne Auslegeware. Hinterm Bett ein Überbau, wie 'ne kleine Anrichte. Ein Schwein und ein Hund aus Holz stehen da drauf. Das Schiff ist auch aus Holz. Hat Ede bemalt, der war mal Seemann."

Er: „Im Schlafzimmer ist man ja die wenigste Zeit drin, an und für sich. Die Heizung ist nachts immer aus, das Fenster so'n bißchen gekippt. Ich hab' da noch nie Licht angemacht, warum denn? Wozu wir die Lampen haben, weiß ich auch nicht. Stell' ich ja nicht zur Schau, das Schlafzimmer. Da hat ja kein anderer was zu suchen. Verwandtschaft war mal drin, die sind neugierig, wissen Sie ja. Wenn ich reinkomme, zieh' ich sofort Pantoffeln an. Das Bett mach' immer ich, ich bezieh's auch. Die Frisierkommode hat einen großen Spiegel. Verstellbar. Da kann man alles sehen, Sie wissen schon. Also früher, jetzt nicht mehr. Jetzt haben wir Bandscheibenrahmen und Bandscheibenmatratzen. Fünftausend hat das mit allem Drum und Dran gekostet, bar bezahlt. Stores bis auf die Erde. Lesen tun wir nie im Bett, sondern in der Stube auf der Liegecouch, wir haben ja alles. Hab' noch nie im Bett gefrühstückt. Auch noch nie da geraucht. Wenn ich einen in der Krone hab', geh' ich nicht ins Bett. Damit sie die Fahne nicht hat. Außerdem kriegt man dann im Bett das Drehen. Da bleib' ich lieber so lange sitzen, Kopf auf der Tischplatte, bis ich nüchtern bin. Morgens steht dann 'ne Tasse Kaffee da."

Zeitmagazin, 24. 1. 1992

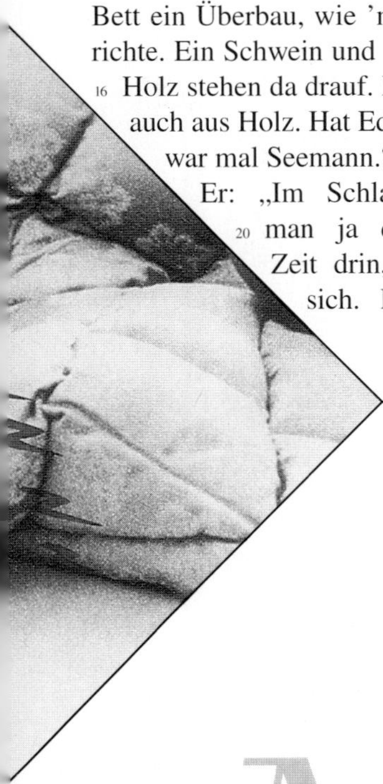

3. Lesen Sie die Texte.
   - Worauf sind die Personen besonders stolz? Warum?
   - Was sagen sie über das Licht im Schlafzimmer?
   - Würde Ihnen eines dieser Schlafzimmer gefallen?

AB

8.2 Mein Glück

Mein Glück

Draußen kreischt
die Straßenbahn.
Drüben grölt
ein Blödian.
Über mir
tobt ein Klavier,
nebenan
ein Hundetier.
Unten
dröhnt das Radio,
und das Wasser
rauscht im Klo.
In der Küche
pfeift der Topf,
und ein Hammer
übt klopf-klopf.
Doch mir macht das
gar nichts aus –

Max Kruse

Schreiben Sie einen passenden Schlußsatz.

AB

8.3 Wie wir um die Jahrhundertwende leben werden

1. Ergänzen Sie aus dem Text.

An die ideale Wohnung stellt eine Mehrheit von Bundesbürgern zwei wesentliche Anforderungen: Man will dort einerseits ungestört seinen Hobbys nachgehen können und andererseits die Bedürfnisse nach intensiven mitmenschlichen Kontakten befriedigt sehen. Solche Wünsche, die eine Arbeitsgruppe der Gesamthochschule Kassel jetzt analysierte, werden dazu führen, daß in den nächsten Jahren die Gründung von Wohngemeinschaften stark zunimmt.

Diese aus Kleingruppen (Paare) und Kleinfamilien zusammengesetzten Gemeinschaften werden Großwohnungen vorwiegend für zwei bis zu vier Familien oder Häuser für bis 30 Bewohner mieten oder bauen. Diese Häuser sollen möglichst auf dem Land liegen. Sie werden – entsprechend dem Gesamteinkommen der Gemeinschaft – mit gemeinsam zu nutzenden Gärten, Schwimmbecken, Saunas oder Hobbyräumen ausgestattet sein und enthalten für jedes Gruppenmitglied einen eigenen Raum.

Die Studie […] prophezeit auch bei den herkömmlichen Einfamilienwohnungen tiefgreifende Veränderungen: die Zuordnung der einzelnen Räume zu bestimmten Funktionen (Wohnzimmer, Schlafzimmer) wird aufgehoben werden zugunsten von eigenen Zimmern für jedes Familienmitglied. Dafür wird aus dem traditionellen Wohnzimmer, das heute noch vielerorts als das „gute Zimmer" bezeichnet wird, ein Kommunikationsraum, der in etwa den alten Bauernküchen vergleichbar ist: hier wird gekocht, gegessen, gespielt, hier sitzt man zum Plausch zusammen und feiert seine Feste.

Mit der Veränderung der Wohnweise werden auch Lebensgewohnheiten aufgelockert, die heute noch festgefügt zu sein scheinen. Die Forscher glauben, daß bald die Hausarbeiten nicht mehr generell von den Frauen geleistet werden, sondern gleichberechtigt von allen Familienmitgliedern (auch vom Mann) zu erbringen sind. Auch die Kindererziehung wird nicht mehr nur die Mütter in Anspruch nehmen, denn im Jahre 2000 wird der Nachwuchs in den Wohngemeinschaften oder in hauseigenen Kinderräumen von mehreren Erwachsenen betreut werden. Die alten Mitmenschen, die heute zumeist etwas abseits in Altersheimen wohnen, werden stärker in die Gemeinschaft integriert. Sie leben nach Meinung der Forscher in 20 Jahren weitgehend entweder mit Leuten aller Altersschichten in Hausgemeinschaften zusammen oder in Altenwohnungen, die ganz in der Nähe des früheren Lebenskreises liegen.

Dieter Stäcker, Frankfurter Rundschau, 29. 9. 1976

Die ideale Wohnung erfüllt zwei Funktionen:

1. …

2. …

Das wird dazu führen, daß …

Die Wohngemeinschaften werden aus … bestehen.
Sie werden in … oder … wohnen.

Die Wohnungen der Häuser der Wohngemeinschaften werden … haben.

Auch die herkömmlichen Einfamilienwohnungen werden sich verändern.

1. …

2. …

Mit der Wohnweise werden sich auch die Lebensgewohnheiten verändern.

1. …

2. …

3. …

2. Vergleichen Sie die wesentlichen Voraussagen des Textes von 1976 mit der unten abgedruckten Statistik.

3. – In Deutschland gab es früher in vielen Wohnungen ein Herrenzimmer, ein Mädchenzimmer und eine Waschküche. Welche Funktionen hatten diese Räume wohl? Warum gibt es sie heute wohl nicht mehr?
   – Gibt es in Ihrer Sprache auch Wörter aus dem Bereich „Wohnen“, die ihre Bedeutung verändert haben oder aus dem alltäglichen Gebrauch verschwunden sind?

AB

ABSCHIED VOM FAMILIENLEBEN

8.4 Interview: Wohnen

1. Hören Sie den Text:
   – Was erzählt Nicoline Bauers über ihre Wohnsituation?
   – Welche Vor- und Nachteile erwähnt sie?

2. Hören Sie den Text ein zweites Mal. Bilden Sie Kleingruppen, und formulieren Sie pro Gruppe fünf Fragen zum Interview mit Nicoline. Stellen Sie anschließend der ganzen Gruppe die Fragen.

3. Nicoline war zum Zeitpunkt des Interviews 25 Jahre alt. Vergleichen Sie, was sie über Selbständigkeit und Wohnen sagt, mit der Situation von gleichaltrigen Leuten in Ihrem Land. Versuchen Sie, die Unterschiede zu erklären.

AB

8.5 Kinderzimmer

1. Welche Funktion hat ein Kinderzimmer?
   Wie sollte es aussehen und eingerichtet sein?

2. Hören Sie den Text von der Cassette: Anruf einer Hörerin in einer Sendung des Hessischen Rundfunks.
   - Warum ruft die Frau an?
   - Was haben die anderen Hörer gefordert, die vor ihr angerufen haben?
   - Welche Alternative schlägt sie vor, und wie begründet sie diese?

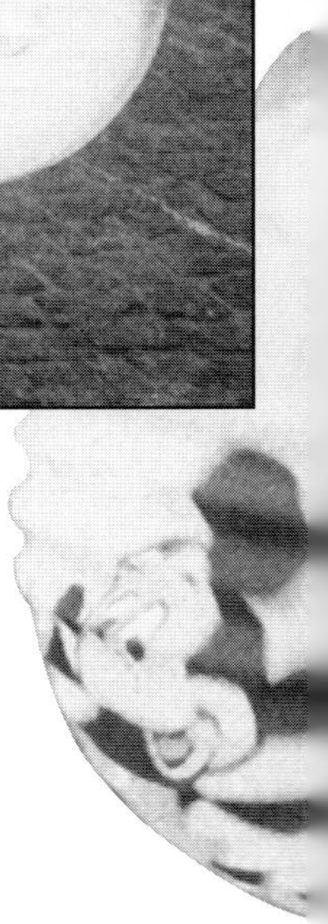

8.6 Diskussion

Für mich sorgen sie alle: Kirche, Staat, Ärzte und Richter.

Ich soll wachsen und gedeihen; ich soll neun Monate schlummern; ich soll es mir gut sein lassen – sie wünschen mir alles Gute. Sie behüten mich. Sie wachen über mich. Gnade Gott, wenn meine Eltern mir etwas antun; dann sind sie alle da. Wer mich anrührt, wird bestraft: meine Mutter fliegt ins Gefängnis, mein Vater hintennach; der Arzt, der es getan hat, muß aufhören, Arzt zu sein; die Hebamme, die geholfen hat, wird eingesperrt – ich bin eine kostbare Sache.

Für mich sorgen sie alle: Kirche, Staat, Ärzte und Richter.

Neun Monate lang.

Wenn aber diese neun Monate vorbei sind, dann muß ich sehn, wie ich weiterkomme.

Die Tuberkulose? Kein Arzt hilft mir. Nichts zu essen? Keine Milch? – Kein Staat hilft mir. Qual und Seelennot? Die Kirche tröstet mich, aber davon werde ich nicht satt. Und ich habe nichts zu brechen und zu beißen, und stehle ich: gleich ist ein Richter da und setzt mich fest.

Fünfzig Lebensjahre wird sich niemand um mich kümmern, niemand. Da muß ich mir selbst helfen.

Neun Monate lang bringen sie sich um, wenn mich einer umbringen will.

Sagt selbst:

Ist das nicht eine merkwürdige Fürsorge –?

DISKUSSION

MEINUNGEN

1. Zum Text

a. Wer ist „ich" in dem Text?
b. Um welches Thema geht es hier?
c. – Wie wird das Thema behandelt?
   – Vergleichen Sie den ersten und den letzten Satz.
   – An welcher Stelle des Textes tritt eine Veränderung ein?
   – Mit welchen sprachlichen Mitteln verstärkt der Autor die Wirkung des Textes?
d. Aus welchem Jahr könnte der Text stammen?

2. Meinungen

a. Formulieren Sie kurz in Stichpunkten Ihre Meinung zu dem Thema.
b. Setzen Sie sich zu dritt oder zu viert zusammen, und erarbeiten Sie ein gemeinsames Positionspapier zu diesem Thema. Sie sollten zu einem Konsens kommen.
c. Diskutieren Sie im Plenum. Jede Gruppe vertritt ihre Position als „Partei".
   Benutzen Sie die Redemittel aus 6.2.5 im Arbeitsbuch.

8.7 Lied: Sie wohnt auf dem Mond

Hören Sie. Sortieren Sie.

Erst komm'n die roten Balkons,
Dann komm'n die gelben Balkons,
Dann komm'n die blauen Balkons,
Dann komm'n die grünen Balkons,
Dann komm'n die braunen Balkons,
Dann komm'n die roten Balkons
Und dann die gelben,
die blauen,
die grünen …
Und dann die roten Balkons,
die sechste Reihe,
Acht Reihn von unten
und von oben zweie.
Da irgendwo wohn' ich.
Verliebte träumen vom Mond,
Doch ich, ich wohn' auf dem Mond.

Erst komm'n die roten Balkons …

Da irgendwo wohnt sie.
Verliebte träumen vom Mond,
Doch sie, sie lebt auf dem Mond.

Ich wollte jemand fragen:
„Ach, könn'n Sie mir nicht sagen …"
Da kam ein Mann gegangen,
Der war ganz grau und dünn,
Mit eingefall'nen Wangen
Sprach leise vor sich hin.
„Geht von mir ihr Gespenster:
Balkons, Balkons und Fenster,
Beton in meiner Seele,
Geliebte, ich bin hier."

Und als ich sieben Wochen
Durchs Häusermeer gekrochen,
Sah ich im Feuerschein,
Sah tanzende Gestalten
Sich an den Händen halten
Trat in den Kreis hinein.
Sie hüpften und sie sangen:
„Wir haben ein'n gefangen,
wir braten ihn am Grill
Den Stadtbauarchitekten."
Sie schmausten und sie schleckten
Mit schaurigem Gebrüll.
Erst komm'n die roten Balkons …

Hans Scheibner

Sie sprach beim Sternenscheine:
„Den Rest geh' ich alleine."
Als ich nach tausend Küssen
Ihr noch zweitausend gab,
Hab' ich versprechen müssen:
„Ich hol' dich morgen ab."
Jedoch ich kleiner Dummer
Ich weiß nicht ihre Nummer
Und wie sie hinten heißt.
Ich such' seit sieben Stunden
Ich hab' sie nicht gefunden
Ich glaub' mein Herz zerreißt.

Ich fragte, was ihm fehle,
Da sagte er zu mir:
„Ich bin ein roter Balkon
oder ein gelber Balkon
oder ein blauer Balkon
oder ein grüner Balkon
oder ein brauner Balkon
oder ein roter Balkon
oder ein gelber,
ein blauer,
ein grüner …
Ich glaub', ich spring' vom
Balkon, die sechste Reihe,
Acht Reihn von unten
und von oben zweie.
Da irgendwo wohnt sie.
Verrückte sehn in den Mond,
Doch sie, sie lebt auf dem Mond."

Der Abend war zuende,
Wir hielten unsre Hände.
Ich zahlte unsre Brause
Und bat sie „Sag nicht nein.
Ich bring dich noch nach Hause,
Wo immer das mag sein."
Wir fuhren wie im Himmel,
Sie führte mich zum Mümmel-
Mannsberg, dem Häusermeer
Am Stadtrand. Und wir standen
Vor den Betongiganten
Da sagte sie zu mir:

9.1 Ein Tisch ist ein Tisch

1. Lesen Sie den Text in kleinen Gruppen, und spielen Sie ihn vor.

Ich will von einem alten Mann erzählen, von einem Mann, der kein Wort mehr sagt, ein müdes Gesicht hat, zu müd zum Lächeln und zu müd, um böse zu sein. Er wohnt in einer kleinen Stadt, am Ende der Straße oder nahe der Kreuzung. Es lohnt sich fast nicht, ihn zu beschreiben, kaum etwas unterscheidet ihn von andern. Er trägt einen grauen Hut, graue Hosen, einen grauen Rock und im Winter den langen grauen Mantel, und er hat einen dünnen Hals, dessen Haut trocken und runzelig ist, die weißen Hemdkragen sind ihm viel zu weit.

Im obersten Stock des Hauses hat er sein Zimmer, vielleicht war er verheiratet und hatte Kinder, vielleicht wohnte er früher in einer anderen Stadt. Bestimmt war er einmal ein Kind, aber das war zu einer Zeit, wo die Kinder wie Erwachsene angezogen waren. Man sieht sie so im Fotoalbum der Großmutter. In seinem Zimmer sind zwei Stühle, ein Tisch, ein Teppich, ein Bett und ein Schrank. Auf einem kleinen Tisch steht ein Wecker, daneben liegen alte Zeitungen und das Fotoalbum, an der Wand hängen ein Spiegel und ein Bild.

Der alte Mann machte morgens einen Spaziergang und nachmittags einen Spaziergang, sprach ein paar Worte mit seinem Nachbarn, und abends saß er an seinem Tisch.

Das änderte sich nie, auch sonntags war das so. Und wenn der Mann am Tisch saß, hörte er den Wecker ticken, immer den Wecker ticken.

Welche Wörter charakterisieren das Leben des alten Mannes? . . . . .

Dann gab es einmal einen besonderen Tag, einen Tag mit Sonne, nicht zu heiß, nicht zu kalt, mit Vogelgezwitscher, mit freundlichen Leuten, mit Kindern, die spielten – und das Besondere war, daß das alles dem Mann plötzlich gefiel.

Er lächelte.

„Jetzt wird sich alles ändern", dachte er. Er öffnete den obersten Hemdknopf, nahm den Hut in die Hand, beschleunigte seinen Gang, wippte sogar beim Gehen in den Knien und freute sich. Er kam in seine Straße, nickte den Kindern zu, ging vor sein Haus, stieg die Treppe hoch, nahm die Schlüssel aus der Tasche und schloß sein Zimmer auf.

Aber im Zimmer war alles gleich, ein Tisch, zwei Stühle, ein Bett. Und wie er sich hinsetzte, hörte er wieder das Ticken, und alle Freude war vorbei, denn nichts hatte sich geändert.

Und den Mann überkam eine große Wut. Er sah im Spiegel sein Gesicht rot anlaufen, sah, wie er die Augen zukniff; dann verkrampfte er seine Hände zu Fäusten, hob sie und schlug mit ihnen auf die Tischplatte, erst nur einen Schlag, dann noch einen, und dann begann er auf den Tisch zu trommeln und schrie dazu immer wieder:

Was ist das Besondere an diesem Tag? . . .

„Es muß sich ändern, es muß sich ändern!" Und er hörte den Wecker nicht mehr. Dann begannen seine

Hände zu schmerzen, seine Stimme versagte, dann hörte er den Wecker wieder, und nichts änderte sich.

„Immer derselbe Tisch“, sagte der Mann, „dieselben Stühle, das Bett, das Bild. Und dem Tisch sage ich Tisch, dem Bild sage ich Bild, das Bett heißt Bett, und den Stuhl nennt man Stuhl. Warum denn eigentlich?“ Die Franzosen sagen dem Bett „li“, dem Tisch „tabl“, nennen das Bild „tablo“ und den Stuhl „schäs“, und sie verstehen sich. Und die Chinesen verstehen sich auch. „Weshalb heißt das Bett nicht Bild“, dachte der Mann und lächelte, dann lachte er, lachte, bis die Nachbarn an die Wand klopften und „Ruhe“ riefen.

„Jetzt ändert es sich“, rief er, und er sagte von nun an dem Bett „Bild“.

Was ändert sich jetzt? . . . . .

„Ich bin müde, ich will ins Bild“, sagte er, und morgens blieb er oft lange im Bild liegen und überlegte, wie er nun dem Stuhl sagen wolle, und er nannte den Stuhl „Wecker“. Er stand also auf, zog sich an, setzte sich auf den Wecker und stützte die Arme auf den Tisch. Aber der Tisch hieß jetzt nicht mehr Tisch, er hieß jetzt Teppich. Am Morgen verließ also der Mann das Bild, zog sich an, setzte sich an den Teppich auf den Wecker und überlegte, wem er wie sagen könnte.

Dem Bett sagte er Bild.
Dem Stuhl sagte er Wecker.
Der Zeitung sagte er Bett.
Dem Spiegel sagte er Stuhl
Dem Wecker sagte er Fotoalbum.
Dem Schrank sagte er Zeitung.
Dem Teppich sagte er Schrank.
Dem Bild sagte er Tisch.
Und dem Fotoalbum sagte er Spiegel.
Also:

Am Morgen blieb der alte Mann lange im Bild liegen, um neun läutete das Fotoalbum, der Mann stand auf und stellte sich auf den Schrank, damit er nicht an die Füße fror, dann nahm er seine Kleider aus der Zeitung, zog sich an, schaute in den Stuhl an der Wand, setzte sich dann auf den Wecker an den Teppich und blätterte den Spiegel durch, bis er den Tisch seiner Mutter fand.

Der Mann fand das lustig, und er übte den ganzen Tag und prägte sich die neuen Wörter ein. Jetzt wurde alles umbenannt: er war jetzt kein Mann mehr, sondern ein Fuß, und der Fuß war ein Morgen und der Morgen ein Mann.

Jetzt könnt ihr die Geschichte selbst weiterschreiben. Und dann könnt ihr, so wie es der Mann machte, auch die anderen Wörter austauschen.

läuten heißt stellen,
frieren heißt schauen,
liegen heißt läuten,
stehen heißt frieren,
stellen heißt blättern.
So daß es dann heißt:

Am Mann blieb der alte Fuß lange im Bild läuten, um neun stellte das Fotoalbum, der Fuß fror auf und blätterte sich auf den Schrank, damit er nicht an die Morgen schaute.

Der alte Mann kaufte sich blaue Schulhefte und schrieb sie mit den neuen Wörtern voll, und er hatte viel zu tun damit, und man sah ihn nur noch selten auf der Straße. Dann lernte er für alle Dinge die neuen Bezeichnungen und vergaß dabei mehr und mehr die richtigen. Er hatte jetzt eine neue Sprache, die ihm ganz allein gehörte.

Hie und da träumte er schon in der neuen Sprache, und dann übersetzte er die Lieder aus seiner Schulzeit in seine Sprache, und er sang sie leise vor sich hin.

Was hat sich für ihn geändert? . . . . .

Aber bald fiel ihm auch das Übersetzen schwer, er hatte seine alte Sprache fast vergessen, und er mußte die richtigen Wörter in seinen blauen Heften suchen. Und es machte ihm Angst, mit den Leuten zu sprechen. Er mußte lange nachdenken, wie die Leute zu den Dingen sagen.

Seinem Bild sagen die Leute Bett.
Seinem Teppich sagen die Leute Tisch.
Seinem Wecker sagen die Leute Stuhl.
Seinem Bett sagen die Leute Zeitung.
Seinem Stuhl sagen die Leute Spiegel.
Seinem Fotoalbum sagen die Leute Wecker.
Seiner Zeitung sagen die Leute Schrank.
Seinem Schrank sagen die Leute Teppich.
Seinem Tisch sagen die Leute Bild.
Seinem Spiegel sagen die Leute Fotoalbum.

Und es kam so weit, daß der Mann lachen mußte, wenn er die Leute reden hörte.
Er mußte lachen, wenn er hörte, wie jemand sagte:

„Gehen Sie morgen auch zum Fußballspiel?" Oder wenn jemand sagte: „Jetzt regnet es schon zwei Monate lang." Oder wenn jemand sagte: „Ich habe einen Onkel in Amerika."

Wie geht die Geschichte weiter? . . . . .

Er mußte lachen, weil er all das nicht verstand.

Aber eine lustige Geschichte ist das nicht. Sie hat traurig angefangen und hört traurig auf.

Der alte Mann im grauen Mantel konnte die Leute nicht mehr verstehen, das war nicht so schlimm.

Viel schlimmer war, sie konnten ihn nicht mehr verstehen.

Und deshalb sagte er nichts mehr.
Er schwieg,
sprach nur noch mit sich selbst,
grüßte nicht einmal mehr.

Peter Bichsel

2. Suchen Sie im Text die Abschnitte, Sätze oder Ausdrücke, die *Eintönigkeit – Freude – Aufgeschlossenheit – Unternehmungslust – Enttäuschung – Wut – Geschäftigkeit – Trotz – Verwirrung – Angst – Verschlossenheit – Traurigkeit – Vereinsamung – Gleichgültigkeit – Alltäglichkeit* beschreiben.

3. a. Welche Überlegung des alten Mannes führt zu dem traurigen Ende der Geschichte?
   b. Warum nennt Bichsel die Geschichte „Ein Tisch ist ein Tisch"?

AB

9.2 Morgens und abends zu lesen

Bertolt Brecht

Der, den ich liebe
Hat mir gesagt
Daß er mich braucht.

Darum
Gebe ich auf mich acht
Sehe auf meinen Weg und
Fürchte von jedem Regentropfen
Daß er mich erschlagen könnte.

Schreiben Sie Ihr eigenes Gedicht:

Der, den ich ...
Oder: Die, die ich ...
hat mir gesagt,
daß ...

Darum ...

9.3 Shimizé

In keiner Sprache ist es
so schwer sich zu verständigen
wie in der eigenen.

Karl Kraus

Es war einmal ein Oshammi-Shammi, der lebte in einer Wesesheshammi auf dem Gipfel einer Wooba. Da kam eines Nachts ein Oogoro und sagte zum Oshammi-Shammi: „Shimì, ich will weder deine Krone noch deinen Stab, ich will deine Shammizé."

„De shimite deé", lachte der Oshammi-Shammi. „Versuch's doch. Wenn du hier in meiner Weseshe meine Shammizé siehst, dann nimm sie dir ruhig."

Der Oogoro durchsuchte lang und breit die ganze Wesesheshammi, fand schließlich eine Woolanda und rief triumphierend: „Shimì, hier ist sie, ich habe sie gefunden."

„Du bist schlau wie der langohrige Tsezehé", sagte der Oshammi-Shammi. „Du hast sie gefunden, also gehört sie dir."

Der Oogoro lief die Wooba hinunter und sang und lachte: „Ich hab' eine Shammizé! Das ganze Leben lang Shimideé, jetzt hab' ich eine Shammizé!"

Auf dem Weg begegnete er einem alten Woorogoro.

„Shimì Woro, gefällt sie dir?" sagte der Oogoro. „Schau, gefällt dir meine Shammizé?"

„Woof", sagte der Woorogoro.

„Dumm wie ein Tsezehé! Siehst du denn nicht, daß das, was du im Arm hast, eine Woolanda ist?"

Im Mondlicht sah sich der Oogoro die Sache genau an, erkannte seinen Irrtum und ging, tzuke shimite no shimé, traurig wie einer, der den Namen der Dinge verloren hat, von dannen.

Stefano Benni

1. a. Ersetzen Sie unbekannte Wörter durch deutsche, um Ihre eigene Interpretation der Geschichte wiederzugeben. (Sie können die Artikel ändern.)
   b. Wie sind Sie auf Ihre Begriffe gekommen? (Durch die Textsorte, den Kontext, Logik, die Wortbildung, die Wortklasse ...)

2. Lesen und erzählen Sie Ihre Geschichte.

AB

9.4 43 ? -geschichten

Didi will immer. Olga ist bekannt dafür. Ursel hat schon dreimal Pech gehabt. Heidi macht keinen Hehl daraus.

Bei Elke weiß man nicht genau. Petra zögert. Barbara schweigt. Andrea hat die Nase voll. Elisabeth rechnet nach. Eva sucht überall. Ute ist einfach zu kompliziert.

Gaby findet keinen. Sylvia findet es prima. Marianne bekommt Anfälle.

Nadine spricht davon. Edith weint dabei. Hannelore lacht darüber. Erika freut sich wie ein Kind.

Katharina muß man dazu überreden. Ria ist sofort dabei. Brigitte ist tatsächlich eine Überraschung. Angela will nichts davon wissen. Helga kann es.

Tanja hat Angst. Lisa nimmt alles tragisch. Bei Carola, Anke und Hanna hat es keinen Zweck.

Sabine wartet ab. Mit Ulla ist das so eine Sache. Ilse kann sich erstaunlich beherrschen.

Gretel denkt nicht daran. Vera denkt sich nichts dabei. Für Margot ist es bestimmt nicht einfach.

Christel weiß, was sie will. Camilla kann nicht darauf verzichten. Gundula übertreibt. Nina ziert sich noch. Ariane lehnt es einfach ab. Alexandra ist eben Alexandra.

Vroni ist verrückt danach. Claudia hört auf ihre Eltern.

Didi will immer.

Wolf Wondratschek

1. – Bilden Sie Gruppen, und wählen Sie ein Thema, etwa:

Urlaubsgeschichten	Geldgeschichten
Klassengeschichten	Bürogeschichten
Kriminalgeschichten	Essensgeschichten
Badezimmergeschichten	…

– Dann schreiben Sie die Sätze aus, die im Text von Wolf Wondratschek nur angedeutet werden.

Urlaubsgeschichten:
Didi will immer verreisen.
Olga ist bekannt dafür, gut organisieren zu können.
Ursel hat im Urlaub schon dreimal Pech gehabt.
Heidi macht keinen Hehl daraus, daß sie im Urlaub Abenteuer sucht.

AB

2. Fragen Sie Ihren Lehrer bzw. Ihre Lehrerin nach dem Titel, den Wolf Wondratschek seinem Text gegeben hat, und lesen Sie den Text noch einmal.

3. **Spiel: Kummerkasten**

Die Gruppe bildet Paare. Die einen schreiben auf ein Blatt Papier ein Problem in der Art: „Lieber Dr. Braun, meine Katze will nicht mehr fressen …“ oder „… ich muß immer schon um 22 Uhr zu Hause sein …“ oder „ … glauben Sie, daß er mich wirklich liebt?“
Die anderen schreiben eine Antwort, ohne die Frage zu kennen. Anschließend werden Fragen und Antworten verlesen und (auf Tonband) aufgenommen. Manchmal paßt die Antwort, manchmal nicht, und manchmal paßt sie, obwohl sie eigentlich nicht passen dürfte.

S

121
RICOH

WORTSCHATZ
GRAMMATIK
FERTIGKEITSTRAINING
TRANSKRIPTION DER HÖRTEXTE

ARBEITSBUCH

SICHTWECHSEL 1

ZU 1.1 Unbestimmtes ausdrücken: Indefinitpronomen/Adverbien

1. Beschreiben Sie das Bild:
   Was machen die beiden Personen?

   Zum Beispiel:
   Sie sprechen.
   ○ Worüber sprechen die wohl?
   ● *Vielleicht über die neue Heimat oder über die alten Freunde … Sie sprechen über irgendwas.*

   Sie betrachten die ferne Stadt oder die untergehende Sonne oder … Sie betrachten irgendwas.

   Sie sind vor langer Zeit losgefahren oder erst gestern. Sie sind irgendwann losgefahren.

   Sie freuen sich …
   Sie sind traurig …
   …

irgendwohin	nirgendwohin
irgendwo	nirgendwo
irgendwie	keine Möglichkeit
irgendwann	nie
irgendwer	niemand
irgendwas	nichts

2. **Mißverständnis**

Irgendwann hat
irgend jemand
irgendwem mal
irgendwas gesagt.
Das hat der aber
irgendwie
falsch verstanden.
Und seitdem haben sie
nie mehr
miteinander geredet.

Schreiben Sie ähnliche kleine Texte über Liebe, Zukunft …

3. **irgend-, nirgend-**

Beispiel:
○ *Du siehst irgendwie besorgt aus. Hast du was? Kann ich dir irgendwie helfen?*
● *Was sollte ich denn haben?*
○ *Was weiß ich. Irgendwelche Sorgen, irgendein Problem.*
● *Na ja, wenn ich ehrlich sein soll – ich hab 'n Problem. Ich brauch Geld, dringend.*
○ *Wofür denn?*
● …

Führen Sie die folgenden Dialoganfänge fort. Benutzen Sie Formen mit *irgend-* und *nirgend*. Aber passen Sie auf: die Verneinung von *irgend etwas* ist *nichts*. Wie heißen die entsprechenden (positiven) Formen zu den Verneinungen *nie, niemand, keine Möglichkeit?*

a) ○ Wollen wir nicht am Sonntag mal wieder wegfahren?
● …
b) ○ Ich kann meine Schlüssel nicht finden.
● …
c) ○ Ich muß morgen zu einer Beerdigung. Was soll ich da bloß anziehen?
● …
d) ○ Ich hab vielleicht einen Hunger!
● …
e) ○ Wie findest du denn unsern neuen Chef?
● …
f) ○ Du, wir sind morgen abend bei Schmitts eingeladen.
● (anziehen, mitbringen, …)
g) ○ Irgendwie habe ich das Gefühl, daß wir uns schon mal begegnet sind.
● …

ZU (1.2) Verbergänzungen

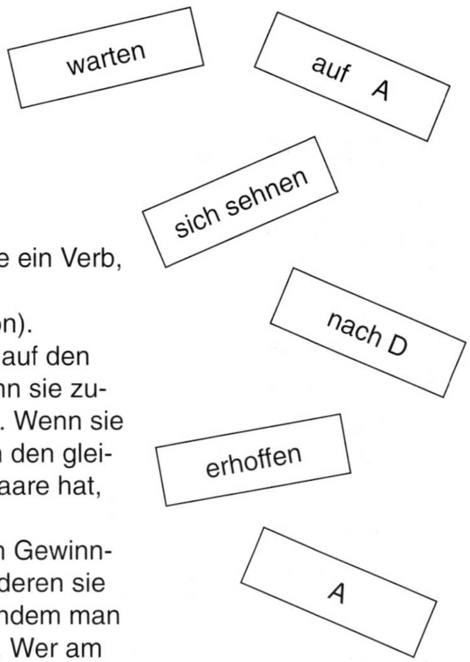

1. **Memory-Spiel**

a. Nehmen Sie 60–80 Karteikarten (DIN A 6). Schreiben Sie auf eine Karte ein Verb, auf eine andere die dazugehörige präpositionale Ergänzung.
Markieren Sie die Rückseiten der Karten mit V (Verb) bzw. P (Präposition).
Mischen Sie die Karten, und legen Sie sie mit der Rückseite nach oben auf den Boden. Jeder Spieler darf zwei Karten (ein P und ein V) umdrehen. Wenn sie zusammenpassen, darf er sie behalten und wieder zwei Karten umdrehen. Wenn sie nicht zusammenpassen, muß er sie – mit der Rückseite nach oben – an den gleichen (!) Platz zurücklegen, und der nächste ist dran. Wer die meisten Paare hat, gewinnt.
b. Wer ein schlechtes Gedächtnis hat, hat bei der zweiten Spielrunde noch Gewinnchancen. Jeder legt die gewonnenen Karten so vor sich hin, daß die anderen sie sehen können. Jetzt beginnt der „Verbklau". Verben kann man klauen, indem man einen richtigen Beispielsatz mit einem Verb des anderen Spielers bildet. Wer am schnellsten die meisten richtigen Sätze sagt (und Karten klaut), gewinnt!

2. **Fragebogen**

   Entwickeln Sie zu zweit einen Fragebogen für persönliche Interviews.
   Zum Beispiel:
   - *Wovon träumst du oft?*
   - *Worauf würdest du nicht gerne verzichten?*
   - *Was fällt dir schwer?*
   - ...

   Wechseln Sie die Partner, und fragen Sie sich gegenseitig.

LERNBERATUNG: Verbergänzungen

Wenn Sie bei den Verbergänzungen unsicher sind, finden Sie Listen mit den wichtigsten Verben in vielen Grammatiken, z. B. in „Grammatik mit Sinn und Verstand" von Rug/Tomaszewski S. 180 ff. Wenn Sie die Bedeutungen nachprüfen wollen, schlagen Sie am besten in einsprachigen Wörterbüchern nach. Legen Sie sich eine eigene Liste von Verben an, die Sie selbständig ergänzen können.

ZU 1.4.1 Bildgeschichte

1. Schauen Sie sich die Bildgeschichte an, und schreiben Sie jetzt die fortlaufende Geschichte.

2. **Strichmännchen**
a. Bitte beschreiben Sie, was die beiden Strichmännchen tun.

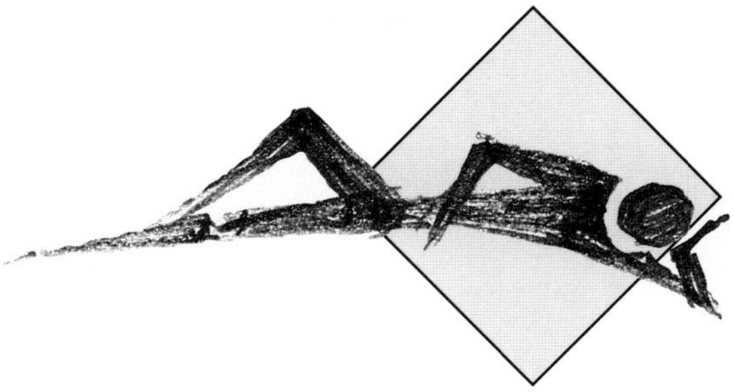

b. Malen Sie ein drittes Bild, und verbinden Sie die drei Bilder zu einer Geschichte.

- Vergleichen Sie Ihren Text mit Ihren ersten Kommentaren und mit dem Text der anderen Gruppenmitglieder.
- Wer hat was gesehen? Warum?
- Warum haben Sie beim ersten Betrachten eventuell etwas anderes wahrgenommen als beim zweiten Mal?

3. **Morgengymnastik**
(auch mittags und abends möglich)

Hören Sie, und folgen Sie den Anweisungen.

Transkription:

Guten Morgen, liebe Hörerinnen und Hörer!

Es ist jetzt sieben Uhr und wie jeden Morgen Zeit zur Frühgymnastik. Stellen Sie sich hin, ganz locker, schütteln Sie Beine und Arme aus ... Recken und strecken Sie sich wie nach dem Aufwachen ... Schütteln Sie Arme und Beine noch mal aus ...

Heben Sie die Arme, und strecken Sie sie nach beiden Seiten. Stellen Sie sich vor, Sie wollen die Wand links und rechts gleichzeitig berühren ... Nun bewegen Sie beide Arme im Kreis ... Schütteln Sie Arme und Beine wieder aus ...

Stellen Sie sich gerade hin, beugen Sie sich nach vorn, und berühren Sie mit den Fingerspitzen den Boden ... Richten Sie sich wieder auf ...

Heben Sie das rechte Knie, und hüpfen Sie auf dem linken Bein ... Heben Sie das linke Knie, und hüpfen Sie auf dem rechten Bein ...

Nun laufen Sie ein bißchen auf der Stelle ... Aber Achtung! Auf dem Boden liegen lauter rohe Eier. Passen Sie auf, daß Sie sie nicht zertreten. Vorsichtig laufen! Ganz vorsichtig! Heben Sie die Füße, und treten Sie ganz vorsichtig auf ... So. Und nun stellen Sie sich wieder hin, schütteln die Arme und Beine noch mal aus ...

Und das wär's dann für heute.

Bis morgen um die gleiche Zeit. Auf Wiederhören.

4. Überlegen Sie sich selbst Gymnastikübungen, und lassen Sie die anderen turnen.

LERNBERATUNG: Lerntypen

Es gibt verschiedene Lerntypen. Einige Menschen lernen am besten im Zusammenhang mit Bildern (visueller Lerntyp), andere über das Hören (auditiv imitativer Lerntyp). Dann gibt es Lernende, die sich Kontexte herstellen müssen, oder Lernende, die analytisch vorgehen (Systematiker). Um effizienter zu lernen, ist es also sehr nützlich zu wissen, ob man eher zu dem einen oder dem anderen Lerntyp gehört.

1. Stellen Sie fest, was für ein Lerntyp Sie sind:
   - Jeder schreibt 30 konkrete Begriffe auf und diktiert sie einem Partner. Dieser notiert zu jedem Wort eine spontane Assoziation.
   - Anschließend sortiert jeder seine eigenen Assoziationswörter nach den Kriterien: Sehen, Hören, Fühlen, Riechen/Schmecken, Kontexte (Situationen), Kategorisieren.

   Jedes Wort wird nur einmal zugeordnet.
2. Überlegen Sie:
   Wie könnte ich meine Art, die Dinge wahrzunehmen, für mein Lernen nutzbar machen?
   Zum Beispiel:
   - Ich bin ein eher visueller Typ: Wichtiges farbig markieren!
   - Ich bin ein eher systematischer Typ: Wörterlisten nicht alphabetisch ordnen, sondern nach einem logischen Prinzip!

Die wenigsten Menschen allerdings lernen nur über einen „Kanal“. Wenn man mehrere Kanäle kombiniert (visuelle und auditive Hilfen) und das zu lernende Material systematisiert, behält man am besten. Grundsätzlich gilt für jeden Lerntyp, daß man Dinge, die in einem persönlich sinnvollen Zusammenhang stehen, besser behält.
Tauschen Sie sich in der Gruppe aus, was für Tricks, „Eselsbrücken“ und Hilfen jeder benutzt, um besser zu lernen und zu behalten. Probieren Sie aus, welche Methoden für Sie am besten geeignet sind, und wenden Sie sie systematisch an.

Aus: Ernst Volland, Mann, siehst du heute wieder klasse aus!

ZU 2.1 Kündigungsgedanken

1. **Zum Text: Wortfelder klassifizieren und sortieren I**

Bilden Sie drei Mengen (Klassen) aus den Wörtern unten:

maskulin	feminin	neutral
männlich?	weiblich?	sächlich?

Zum Beispiel:

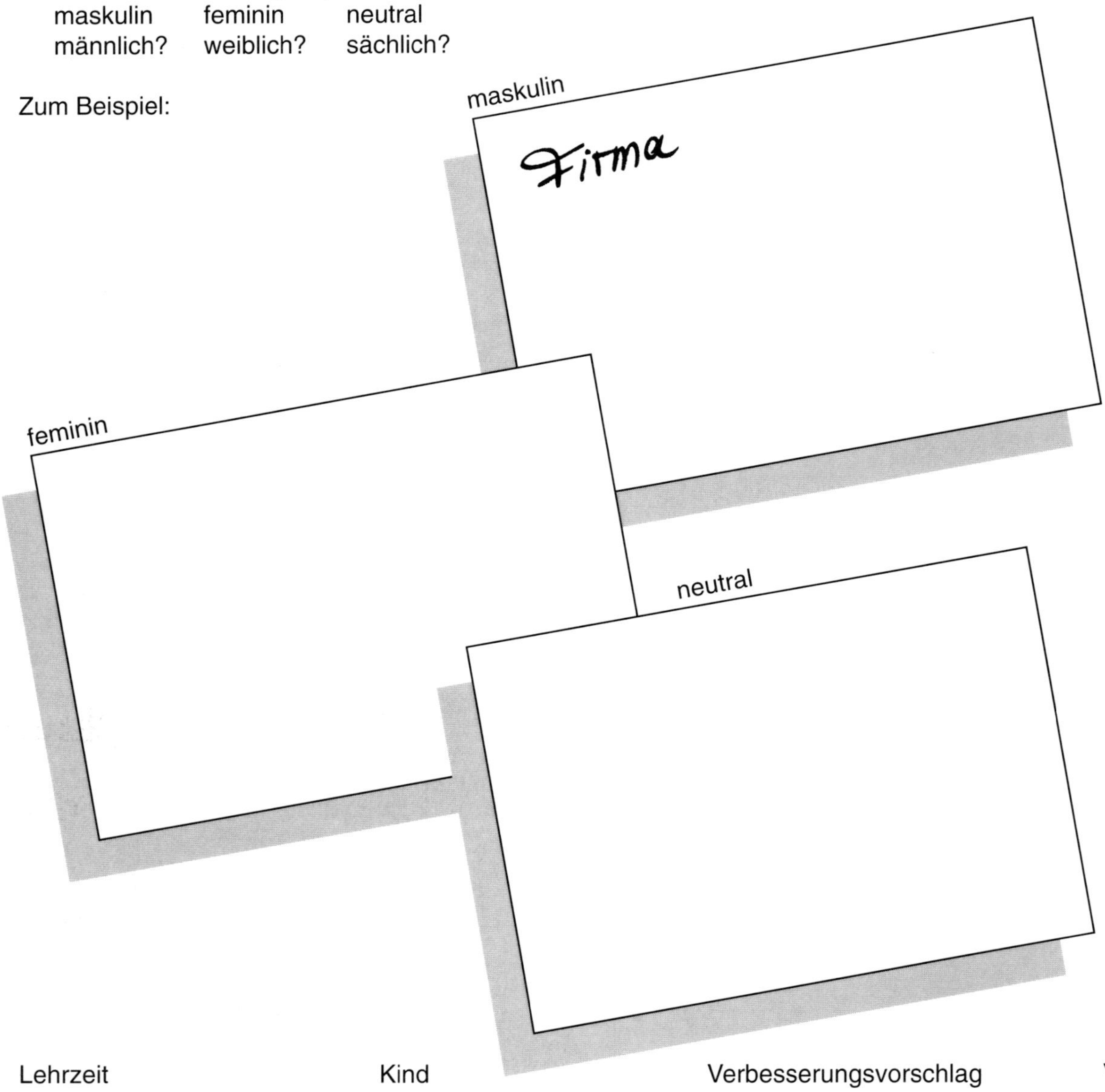

Lehrzeit
hübsch
dunkel
Schreibmaschine
Arbeit
Arbeitsplatz
Schreibtisch
Toilettenschlüssel
Firma
Computer
Kündigungsschreiben
Vorgesetzte
Wohnungseinrichtung
Hausfrau
Porzellan

Kind
herrschen
lieben
Waschmaschine
weiß
Industriekaufmann
weiblich
häßlich
Kollegin
hell
Vorgängerin
Drehstuhl
Angestellte
Vorzimmer
Drucker

Verbesserungsvorschlag
Auto
Bankkonto
Küche
Wutanfall
perfekt
kündigen
vorhalten
Mikrowelle
schwarz
jung
männlich
Büro
bitten
neu

Vorbild
Telefon
Chef
Diktiergerät
Scheidung
Mitarbeiter
Haus
Berufstätigkeit
Schwiegermutter
Mann
unerreichbar
verrichten
unterordnen
Elektroherd
zertrümmern

2. Berufsbezeichnungen

Viele Berufe, die früher nur von Männern oder nur von Frauen ausgeübt wurden, sind nicht mehr exklusiv männlich bzw. weiblich.

Was sind die Leute von Beruf?

männlich	**weiblich**	**männlich**	**weiblich**
Soldat	______	Arzt	______
Kaufmann	______	Rechtsanwalt	______
______	Hausfrau	______	Hebamme
______	Nutte	______	Krankenschwester
Präsident	______	Feuerwehrmann	______
Bäcker	______	Ingenieur	______
______	Model	Straßenkehrer	______
Müllmann	______	Lokführer	______
Entertainer	______	______	Empfangsdame
______	Sekretärin	______	Kindergärtnerin

Und welchen Geschlechts sind eine Schreibkraft, eine Lehrkraft, eine Arbeitskraft, eine Führungskraft, Nachwuchskräfte?

3. Geschichten erzählen I: Vorlesen und Blickkontakt

Setzen Sie sich zu zweit zusammen. Eine Person liest der anderen die Geschichte „Kündigungsgedanken" vor. Die Person, die zuhört, schaut nicht ins Buch. Und die Person, die vorliest, schaut die andere immer wieder an, um durch den Blickkontakt die Aufmerksamkeit wachzuhalten.
Folgende Schritte sollten eingehalten werden:
- Ins Buch schauen und einen kleinen Teil des Satzes auswendig lernen.
- Das Buch schließen.
- Aufschauen, den Partner anschauen und den auswendig gelernten Teil vortragen.
- Das Buch öffnen.
- Den Satz suchen, einen weiteren Teil auswendig lernen.
- Das Buch schließen usw.

Das alles geht natürlich sehr langsam. Das ist auch richtig so. Man soll langsam und mit viel Ruhe vorlesen.
Erst wenn Sie es eine Zeitlang wirklich konsequent gemacht haben (auswendig lernen, Buch zu, vortragen, Buch auf …), können Sie die Übergänge fließender machen und das Buch auch offen lassen. Vergessen Sie aber nicht, Ihren Partner anzuschauen!
Die Satzteile, die Sie auswendig lernen, sollten natürlich kleine Sinnabschnitte sein. Dadurch wird dann auch der Satzrhythmus besser, natürlich mit viel Pausen am Anfang, aber lieber lange Pausen als gar keine.

Beispiel für Sinnabschnitte:
Kündigungsgedanken / Ihre Lehrzeit ist beendet / sie ist Industriekaufmann / ein sehr junger, sehr hübscher / sehr weiblicher Industriekaufmann / In dem dunklen, häßlichen Büro / mit dem wackeligen Schreibmaschinentisch / und der altersschwachen Schreibmaschine / herrscht ihre ältere Kollegin / läßt sie nur / untergeordnete Arbeiten verrichten …

4. **Kündigungsschreiben**

a. Schreiben Sie Phantasiebriefe:
Kündigen Sie Ihrem Auto, Ihren welkenden Blumen, Ihren abgelaufenen Schuhen …
Vergessen Sie Anrede- und Schlußformeln nicht.

b. Schreiben Sie zu einem der Textabschnitte von „Kündigungsgedanken" einen formellen Kündigungsbrief. Halten Sie sich an das Muster.

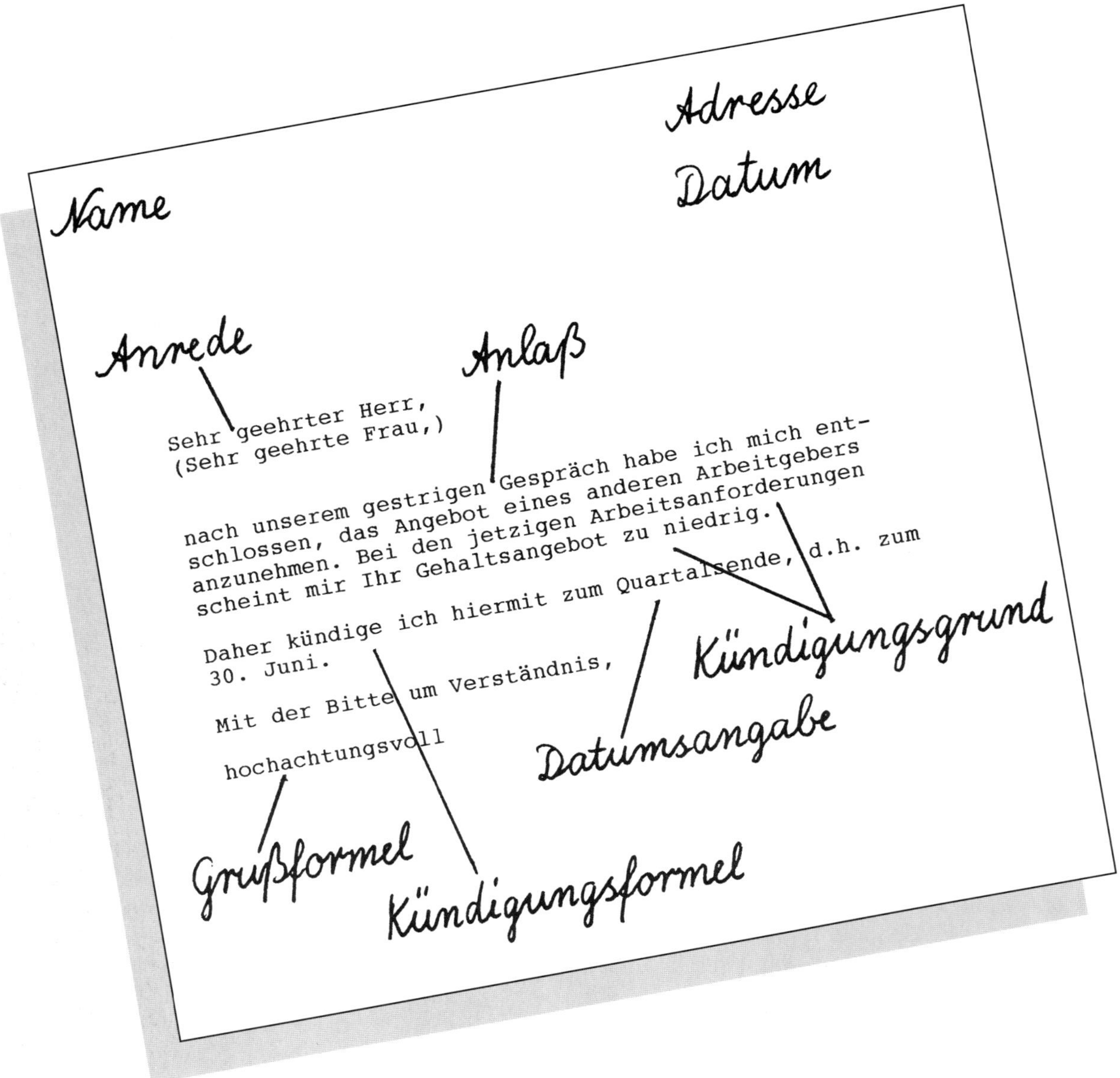

LERNBERATUNG: Fehlerkorrektur

- Lassen Sie sich von Ihrem Lehrer / Ihrer Lehrerin die Fehler in Ihren Briefen nur anstreichen, aber nicht korrigieren.
- Versuchen Sie, die Fehler selbst zu verbessern.
- Überlegen Sie, warum Sie die Fehler gemacht haben, und vergleichen Sie, ob andere ähnliche Fehler aus denselben Gründen gemacht haben.
- Überlegen Sie, welche Fehler wichtig (sinnentstellend) sind und welche weniger wichtig sind.

5. **Adjektive**

Schreiben Sie in kleinen Gruppen einen Text mit zehn Adjektiven. Notieren Sie die zehn Adjektive auf einem Zettel, suchen Sie sich eine Partnergruppe, und tauschen Sie mit dieser nur die Adjektivliste aus. Jede Gruppe schreibt mit den Adjektiven der anderen einen neuen Text. Vergleichen Sie im Plenum die verschiedenen Texte, die dieselben Adjektive enthalten.

6. **Adjektive und Stil**

Schmücken Sie das Märchen mit Attributen aus:

Es war einmal eine Königin, die in einem Palast wohnte. An einem Wintertag saß sie am Fenster und nähte ein Kleid. Dabei stach sie sich mit der Nadel in den Finger. Drei Tropfen Blut fielen in den Schnee. Und weil das gar so schön aussah, dachte sie: „Ach hätt' ich doch ein Kind so wie Schnee, so wie Blut und so wie Ebenholz."

Bald bekam sie ein Töchterchen, das sie Schneewittchen nannte. Aber leider starb die Königin kurz nach der Geburt. Der König war darüber sehr traurig, aber nach einiger Zeit heiratete er noch einmal. Die Stiefmutter war sehr eifersüchtig auf das Kind ihrer Vorgängerin. Sie besaß einen Spiegel, der ihr alle Nachrichten sagte. Ein Jäger mußte das Kind in den Wald führen und töten. Aber er brachte der Königin das Herz und die Leber von einem Schwein.

Die Königin aß die Leber und das Herz mit Gemüse und Kartoffeln. Dazu trank sie Wein.

Schneewittchen ging durch den Wald …

Erzählen Sie das Märchen weiter!

LERNBERATUNG: Fehlerkorrektur

Korrigieren Sie gemeinsam die Fehler bei den Adjektivendungen.
Machen Sie sich ein einfaches Schema für die Adjektivdeklination.

7. **Wortfelder klassifizieren und sortieren II**

LERNBERATUNG: Wörter lernen

Wörter stehen in verschiedenen Zusammenhängen und sind in unserem Gehirn auch so abgespeichert. Logischerweise erfolgt der Abruf der Wörter nach solchen Zusammenhängen über Assoziationsketten, die individuell und kulturell unterschiedlich sind, weil sie durch verschiedene Erfahrungen, Gewohnheiten und Wertungen gesteuert werden. Lernen Sie deshalb Wörter nicht isoliert, sondern in Assoziationszusammenhängen.

a. **Assoziationsketten:**
Sie können das gleich mit einem kleinen Spiel selbst ausprobieren.

Beispiel:
Wie kommt man assoziativ vom **Pferd** zum **Café?**
Pferd – Cowboy – Saloon – Kneipe – Café (Saskia)
oder: Pferd – reisen – ausruhen – Café (Sebastian)
oder: Pferd – Kuh – Milch – Kaffee – Café (Gerd)

Suchen Sie jetzt beliebige Wortpaare, und vergleichen Sie Ihre eigenen Assoziationsketten mit denen von anderen.

b. **Logische Zusammenhänge: Überordnungsbegriffe und Klassifikatoren**

Beispiel:

Überordnungsbegriff:	menschliche Beziehungen	
Klassifikatoren:	freiwillig	unfreiwillig
Beispiele:	Mann/Frau	Eltern/Kind
Beispiele:	Arzt/Patient	Angestellter/Chef
Beispiele:	Freunde	Schwiegereltern
	....	....

1. Suchen Sie weitere Beziehungen, und ordnen Sie sie in das Schema oben ein. Überlegen Sie, ob die Beispiele in allen Kulturen in diese Kategorien passen.

2. Suchen Sie zu dem gegebenen Überordnungsbegriff mögliche Klassifikatoren und Beispiele.

Büroinventar

______________	______________
______________	______________
______________	______________
______________	______________
....	....

3. Suchen Sie zu dem gegebenen Überordnungsbegriff mögliche Klassifikatoren. Setzen Sie aus der Liste passende Beispiele ein. Streichen Sie, was nicht paßt.

Gewichtsabnahme

....

a) Schinken
b) Bier
c) Abmagerungskost
d) Dauerlauf
e) schlafen
f) Spinat
g) Bewegung
h) Magermilch
i) schwimmen
j) Nüsse
k) Hering
l) Spargel
m) tanzen
n) schlendern
o) Stabhochsprung
p) Mineralwasser
q) Bratkartoffeln

4. Suchen Sie einen Überordnungsbegriff und Beispiele.

angenehm unangenehm

....

5. Suchen Sie aus der Liste den Überordnungsbegriff und Beispiele aus. Streichen Sie, was nicht paßt.

selten häufig

....

a) Platin
b) Legierungen
c) Eisen
d) Mineralien
e) Gold
f) Silber
g) Kupfer
h) Metalle
i) Blei

6. Suchen Sie zu den Beispielen den Überordnungsbegriff und die Klassifikatoren.

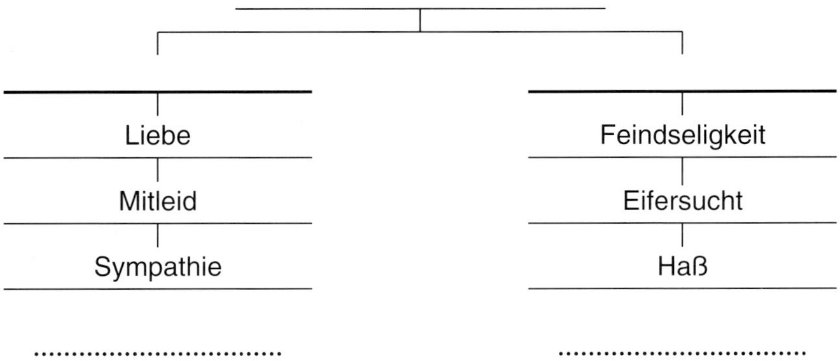

7. Suchen Sie den Überordnungsbegriff und die Klassifikatoren aus der Liste aus.

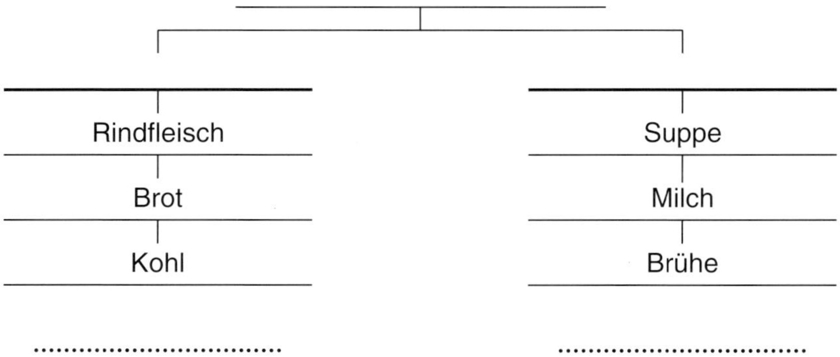

a) Fleisch
b) weich
c) flüssig
d) Nahrung
e) Gemüse
f) zäh
g) fest

8. Suchen Sie alles aus der Liste aus.

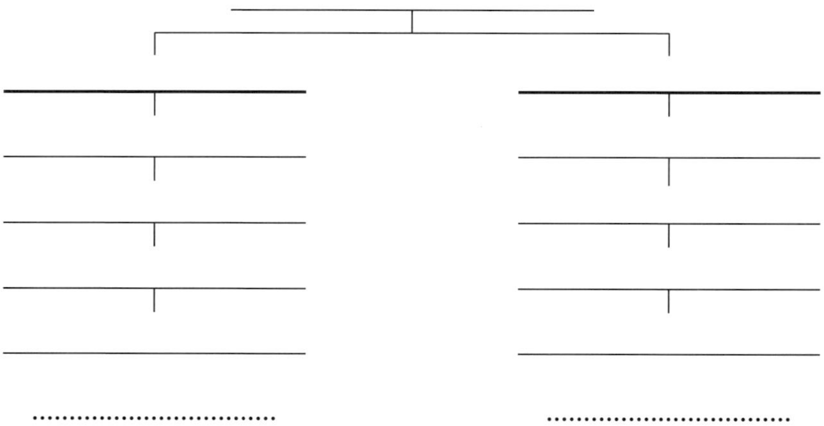

a) Würdigung
b) Abhängigkeit
c) motivierend
d) Mißtrauen
e) Motivation
f) Gleichgültigkeit
g) Führung
h) demotivierend
i) Respekt
j) Verachtung
k) Vertrauen

ZU (2.3) Interview: Er erwartet ein Kind

Transkription des Interviews:

○ Na, wann ist es denn soweit? Wann soll das Baby denn kommen?

● Also, in ungefähr achteinhalb Wochen ...

○ Achteinhalb Wochen??

● ... ist die Geburt.

○ Das ist ja nicht mehr lange hin.

● Nee, wir sind auch schon ganz aufgeregt und sind jetzt natürlich dabei, alles umzuräumen bei uns zu Hause, nicht. Das Zimmer muß eingerichtet werden für so 'n Baby und dann, was weiß ich, Wäsche angeschafft werden und pipapo. Es müssen tausend Sachen gemacht werden einfach. Meine Frau, gut, die geht jetzt in der Woche zweimal zur Schwangerschaftsgymnastik. Ich bin auch schon zwei-, dreimal mitgegangen, um mir das anzugucken, und, na ja ...

○ Wird da auch Atemtechnik dann geübt, für die Geburt?

● Ja, ja, klar.

○ Und du mußt da dann unterstützen auch, du willst bei der Geburt dabeisein?

● Ja, selbstverständlich will ich bei der Geburt dabeisein.

○ Ah, ja ...

● Das find ich ganz wichtig, um so 'n richtigen Bezug zu dem Kind zu kriegen, nicht, ne, und auch, um meine Frau in dem Moment, wo 's dann schwierig wird, eben nicht allein zu lassen.

○ Hmm. Sag mal, sie hatte mir gesagt, daß sie eventuell 'ne Hausgeburt machen würde?

● Das haben wir uns lange überlegt gehabt und waren auch schon drauf und dran, uns zu entscheiden, zu sagen, o.k., wir machen 'ne Hausgeburt. Aber dann, gut, haben wir noch oft drüber nachgedacht und haben auf der einen Seite uns gesagt, Mensch, wenn mal irgendwas Unvorhergesehenes passiert – wir wohnen nicht direkt in der Stadt –, bis dann so 'n Arzt rauskommt, weiß man ja auch nicht, und auf der anderen Seite, daß es auch ziemlich stressig ist, im Haus die Geburt zu machen, weil – da ist dann niemand, der dir zur Seite steht, der dir helfen kann, der dir auch richtig zeigen kann, wie alles geht, wie, was weiß ich, wie man 'n Kind richtig anfaßt und wickelt und sowas, ne. Und da haben wir uns jetzt entschieden, doch in die Klinik zu gehen.

○ Hm. Sag mal, nach der Geburt hat deine Frau dann acht Wochen Mutterschaftsurlaub, nicht?

● Ja, das ist selbstverständlich, das hat sie. Aber danach wird sie auch noch nicht gleich wieder arbeiten, sondern wir werden dieses Erziehungsjahr in Anspruch nehmen, das heißt, sie wird 'n halbes Jahr nach dem Mutterschaftsurlaub nicht arbeiten und sich um das Kind kümmern. Das finde ich auch besser wegen Stillen und so. Und danach bleibt ja immer noch 'n halbes Jahr Erziehungsjahr, und das nehm ich dann, das heißt, ich werd 'n halbes Jahr aufhören zu arbeiten und mich dann um das Kind kümmern.

○ Hmm. Und sag mal, wie ist das finanziell?

● Ja, finanziell wird's natürlich knapp. Na, aber es geht schon. Ich mein, das Erziehungsjahr wird ja auch bezahlt. Nur kriegt man halt nicht seinen Lohn weiter, sondern man kriegt, ja, so 'n Beihilfsgeld im Monat. Aber das geht schon, das schaffen wir schon.

○ Hmm. Und nachher wollt ihr, will deine Frau auch wieder arbeiten, nach diesem halben Jahr dann, ja?

● Ja, selbstverständlich. Wir wollen das Kind dann in 'ne Krabbelgruppe bringen, die gibt es hier bei uns im Dorf auch, zwei Stück, und ... nee, nee, das ist ganz wichtig, daß meine Frau auch wieder arbeitet. Einmal wegen dem Finanziellen, aber zum anderen auch, daß sie nicht nur mit dem Kind zusammenhängt, und nicht nur, wie man so schön sagt, Hausfrau und Mutter ist.

ZU 2.4 „Sonderangebote“

Setzen Sie sich in Gruppen zusammen, und erzählen Sie sich gegenseitig, was hier los ist.

ZU 2.4 Lokalangaben: Zeichnung „Sonderangebote“, Malaktion

Lokalangaben

- ● Vorn an der Kasse gibt es Karten. Aber davor ist eine lange Schlange.
- ▶ Das dauert ja Stunden, bis wir nach vorn kommen.
- ● Vor dem dicken Mann ist eine Lücke. Komm, wir stellen uns vor ihn.

Drinnen im Haus ist es wärmer. Gehen wir rein (hinein).

- ● Wer ist im Bad?
- ▶ Ich bin drin (darin). Du kannst gleich rein (herein).
- ● Ist egal. Ich gehe ins andere Bad.

Ich wohne da oben im 4. Stock. Über mir wohnen keine Leute.
Manchmal gehe ich rauf (hinauf) auf die Terrasse, um mich zu sonnen.

Siehst du die Kirche da? Genau dahinter ist meine Schule.

1. Bestimmen Sie die Wortklassen der Lokalangaben in den Beispielsätzen oben: Adverb, Präposition oder Adverbialpronomen*.
Stellen Sie auch fest, welche positional (wo?) und welche direktional (wohin?) sind.

   Tragen Sie entsprechend in eine Tabelle ein:

Adverb		Präposition		Adverbialpronomen	
positional	direktional	positional	direktional	positional	direktional
vorn	–	an + Dat. (an der Kasse)	–	davor	–

* Überlegen Sie, warum Wörter wie „davor“, „dazwischen“ hier Adverbialpronomen genannt werden. Konsultieren Sie verschiedene Grammatiken, und vergleichen Sie die Terminologie.

Lövo

2. Beschreiben Sie das Bild „Sonderangebote“ (oder eines der Bilder der Malaktion).
Beschreiben Sie zuerst die größeren Gegenstände
   - bezüglich ihrer Lage auf dem Bild:
     Der Comicstand ist unten an der Ecke an der linken Seite.
   - bezüglich ihrer Lage im Kaufhaus:
     Der Comicstand ist vorne links.

   Oder:

   Bilderdiktat:
   Zwei Gruppen malen je ein Landschaftsbild. Dann diktieren sie der anderen Gruppe ihr Bild. Die Gruppe malt nach Diktat (auf Folie für den Projektor).
   Dann wird das Original mit dem Diktat verglichen.
   Wer nicht selber malen will, kann auch das Bild von Sempé auf Seite 105 als Diktatvorlage nehmen.

3. Versuchen Sie, Gegenstände und Personen im Bild „Sonderangebote“ bezüglich ihrer Lage zueinander zu orientieren.
Beispiel:
Im Hintergrund steht ein Boot, davor steht ein Schild.

4. *Hin* oder *her?*

Marta gibt morgen eine Party. Gehen Sie auch hin?
Auf der Hinfahrt geht es meist prima, auf der Rückfahrt gibt es oft Stau.
Was schaust du so traurig vor dich hin?
Ich lege mich mal ein Stündchen hin und mache Siesta.
Stell doch die Tasche hin, dann hast du die Hände frei!
Sie strickt so gut, daß sie nicht mal hinschauen muß.
Sie redet vor sich hin.
Die Uhr ist hin.
In Hamburg ist am Wochenende ein Konzert. Da würde ich gern hinfahren.

Ich laufe den ganzen Tag hin und her, und du kümmerst dich um nichts.

Wo haben Sie die schöne Vase her?
Hände hoch! Geben Sie alles her, den Schmuck, das Geld, die Uhr!
Komm her, ich frisier' dich.
Ein altruistischer Mensch. Er behält nichts für sich. Er gibt alles her.
Die Frau schiebt den Kinderwagen vor sich her.
Als der Zug schon fuhr, lief er winkend eine Weile neben dem Waggon her.
Das gibt nichts her.
Schau mal her, ich zeig dir was.
Ich schiebe die Arbeit vor mir her.

a. Untersuchen Sie die Beispielsätze oben. In welchen Sätzen können Sie den Gebrauch von *hin* oder *her* durch eine Geste erklären?
b. *Her* hat noch eine zweite Bedeutung. Welche? Markieren Sie die Beispielsätze.

Lövo

5. hin – her – da – dort – hier

In welchen Sätzen kann, in welchen Sätzen muß eines (oder zwei) dieser fünf Wörter hinzugefügt werden?

a) Er kam um 6.
b) Wo kommst du?
c) Stell die Vase!
d) Peter gibt heute eine Party. Gehst du auch?
e) Er ging ein Stück neben mir.
f) Sie summt leise vor sich.
g) Das ist ein schönes Tuch. Wo hast du das?
h) Gib den Ball.
i) Der Wagen muß in die Werkstatt. Ich bring ihn jetzt.
j) Die Musik ist sehr leise. Man muß sehr gut hören.
k) Sind alle?
l) Wo fährt sie?
m) Hört mal alle, ich mache euch einen Vorschlag.
n) Du hast Kopfschmerzen? Dann leg dich doch ein Weilchen.

Lövo

6. Kommentieren Sie die Zeichnungen. Finden (Spielen) Sie andere Situationen.

Präpositionen und ihre Verstärkungen durch Adverbien

Einer klettert **auf** die Leiter **rauf (hinauf).**
Zwei Leute gucken **aus** dem Fenster **raus (heraus).**
Einer will **in** die Kabine **rein (hinein).**

7. **Zum Auswendiglernen und Singen:**

Da droben auf dem Berge da steht ein Gerüst,
da drauf hat der Heiner die Liese geküßt.

Da drunten am Bache da sitzt eine Maid
sie wäscht ihre Füße, es war aber auch Zeit.

Kinderverse

Droben stehet die Kapelle,
Schauet still ins Tal hinab,
Drunten singt bei Wies' und Quelle
Froh und hell der Hirtenknab.

Ludwig Uhland

8. Ergänzen Sie, und bilden Sie kleine Dialoge:

a) Die Katze ist draußen auf dem Balkon.

○ Peter, geh doch ____________ auf den Balkon und hol die Katze ____________ .

● Nein, ich will die Katze hier ____________ nicht haben!

b) ○ Das Bier ist ____________ im Keller. Peter ...

c) ○ Unsere Birgit ist ____________ (bei den Nachbarn). Peter ...

d) ○ Der Fernsehturm ist 160 Meter hoch. Warst du schon mal ____________?

● Nein, aber wir können ...

e) ○ Wo ist denn mein Schlüssel schon wieder hin?

● Schau doch mal in die Schublade, ob er ... ?

○ Tatsächlich, da ist er ja. Wer hat ihn denn ...

9. **Bildbeschreibung**
Beschreiben Sie das Bild. Benutzen Sie möglichst viele der direktionalen Ortsadverbien.

Sempé, Rien n'est simple

ZU 2.5 Ohne Titel

Es gibt – Es ist

Es gibt:	1. man bekommt etwas; es wird etwas gegeben oder angeboten 2. existieren, leben
Es ist (da):	1. Lage, Position, Situation: sich befinden 2. (vorübergehende) Anwesenheit an einem Ort: sich befinden 3. vorhanden sein

Erklären Sie den Unterschied zwischen Satz a) und b):

1. a) Es gab nichts zu essen.
   b) Es war nichts zu essen da.
2. a) In Berlin gibt es viele Türken.
   b) Am Bahnhof sind immer viele Ausländer.
3. a) Gibt es hier irgendwo ein italienisches Restaurant?
   b) Da vorn ist eins.
4. a) Gibt es hier einen Herrn Fischer?
   b) Ja, aber der ist gerade nicht da.
5. a) Heute abend gibt's im Fernsehen einen Krimi.
   b) ○ Wollen wir ihn aufnehmen?
   ● Es ist kein Band mehr da.

ZU 2.6 Persönliche Erfahrungen verallgemeinern: „man“

1. Eine Liste, die jede/r ergänzen kann:

   Es ist angenehm, wenn

man	im Tunnel laut schreit	einem	der Alkohol nicht schadet
einen	die Sonne bräunt		das große Los trifft
	das Geld nie fehlt		die Nachbarn helfen
	die Leute auf der Straße grüßen		einen schönen Bart hat
	berühmt ist		der Kuchen gelingt
	das Essen schmeckt		der neue Pullover steht
	im Winter nicht kalt ist		die Aufgaben löst
	die Teller gewaschen werden		…
	einen kennt, der lachen kann		

2. Formulieren Sie es jetzt auch persönlich:
   Ich finde es angenehm, wenn ich im Tunnel laut schreien kann.
   mich die Sonne bräunt.
   …

3. Schreiben Sie ein Gedicht:
   Es ist angenehm … oder *Es ist traurig …*

4. Bitte beenden Sie die Sätze:
   a) Wenn man berühmt ist, …
   b) Wenn man eine Sprache gut spricht, …
   c) Wenn man zu viel Schnaps trinkt, …
   d) Wenn man alt ist, …
   e) Wenn man eine Maske trägt, …
   f) Wenn …

5. Wenn Sie in einem Gespräch nicht wissen, was Sie antworten sollen, können Sie manchmal durch eine Verallgemeinerung der Bemerkung Ihres Gesprächspartners eine unangenehme Gesprächspause überbrücken. Dadurch können Sie Ihr Mitgefühl, Ihre Anteilnahme ausdrücken.
   Zum Beispiel:
   A: *Gestern habe ich in der Jackentasche 10 Mark gefunden!*
   B: *Schön, wenn man unerwartet Geld findet.*

   Vorsicht bei der Beantwortung der folgenden Sätze! Nicht alles ist angenehm oder schön. Manches ist auch traurig oder schmerzlich.

   a) Ich glaube, ich bin verliebt.
   b) Vor einer Woche ist plötzlich meine gute alte Tante gestorben.
   c) Gestern hat mich ein alter Schulfreund angerufen.
   d) Im ganzen Urlaub nur Regen!
   e) Mein Arzt sagt, ich bin jetzt wieder gesund.
   f) Meine Kinder lassen sich nichts sagen.
   g) Meine Eltern verstehen mich nicht.
   h) Bei voller Fahrt ist mir der Reifen geplatzt.
   i) Marlene ist schwanger.

ZU 3.1 Bild und Text

1. Hier sind die Bildunterschriften und die Texte zu 3.1 im Textbuch:

Bild 1

Trotz Verbots der Polizei: Spaziergang auf der Alster

Riesenrummel am Anleger Rabenstraße: Um die Mittagszeit tummelten sich – trotz eindringlicher Warnungen von Umweltbehörde und Polizei – Hunderte von Waghalsigen mit Schlittschuhen, Skiern und Schlitten auf der Außenalster. Sie ließen sich auch nicht von Lautsprecherdurchsagen aus dem Hubschrauber davon abhalten, die an einigen Stellen nur zwei bis drei Zentimeter dicke Eisfläche zu betreten. „Die Leute haben uns den Vogel gezeigt", berichtete ein Polizeisprecher. Zur Zeit sei nur ein Drittel der Außenalster von einer 13 Zentimeter dicken Eisschicht bedeckt. Das „Alstervergnügen" mit Würstchenbuden und Glühweinausschank ist erst bei gleichmäßiger Eisdicke von 15 Zentimetern erlaubt. Das kann schon bald der Fall sein, werden doch für den Wochenanfang Tagestemperaturen von minus eins bis minus fünf Grad und Nachttemperaturen von minus 13 Grad vorausgesagt. Bei schwachem bis mäßigem östlichen Wind ist mit nur zögernder Nebelauflösung und vereinzeltem Schneefall zu rechnen. Im Gegensatz zur Oberelbe verhindert der Eisgang die Schiffahrt auf Unterelbe und Nord-Ostsee-Kanal nicht. pmw

Die Welt, Februar 1991

Bild 2

Wo die Welt noch so ist, wie sie einmal war

Ein Traktor bringt den Fischermeister und sein Boot von einem See zum anderen

MECKLENBURGS NATIONALPARK AN DER MÜRITZ

Schmelzendes Gletschereis formte vor 10 000 Jahren die größte norddeutsche Seenlandschaft. Ihr Zentrum bildet die von rund 100 kleineren Gewässern umgebene Müritz. Hier überleben bedrohte Pflanzen und Tiere.

Die Zeit, 20. 11. 1992

Bild 3

Nachbarn an einem Rosenmontag in Duisburg

Bild 4

Wattenpost kommt noch heute mit Pferden

Der Postbetrieb zwischen Cuxhaven und der Watteninsel Neuwerk funktioniert schon seit mehr als 100 Jahren per Pferd und Kutsche. Organisiert wird der Posttransport seit mehr als sechs Generationen von Familie Brütt aus Cuxhaven. Nach Angaben der Deutschen Bundespost ist Carl-Heinz Brütt seit 1974 die „Wattenpost in Person". Rund 30000 mal ist Brütt – hin und wieder achtmal am Tag – bereits mit seinem von Pferden gezogenen Wattenwagen die elf Kilometer lange Strecke zwischen Insel und Festland gefahren, um die 50 Bewohner Neuwerks mit Post zu versorgen.

Seinem Ahnen Christian Brütt wurde bereits 1880 offiziell der amtliche Postbeförderungsdienst zwischen Festland und Insel von der kaiserlichen Reichspost aufgetragen. Hoch zu Pferd wurde das Watt anfangs durchquert. 1885 kam das erste Fuhrwerk hinzu, einige Jahre später ein zweiter Wattwagen. Heute fahren bis zu sechs Gespanne durch das Watt, wenn Tagesausflügler oder Postsendungen nach Neuwerk gebracht werden. Besonders viel Arbeit wartet auf die ungewöhnlichen Postillione aber auch in der Weihnachtszeit, wenn zahlreiche Pakete auf die Insel gebracht werden müssen. Dem 62jährigen Brütt hilft heute sein Sohn Jan (32), den Betrieb aufrechtzuerhalten. An der Wattenpost wird sich wohl bis über die Jahrtausendwende hinaus nichts ändern, denn auch die Enkel von Carl-Heinz Brütt wollen die „Postillion-Dynastie" fortführen. Aber dazu müssen sie erstmal die Prüfung für den Wattführerschein bestehen.

Oktober 1993

2. **Projekt: Eindrücke und Gedanken**

a. Einigen Sie sich auf eine ganz bestimmte Stelle an Ihrem Kursort, von der aus man Menschen beobachten kann, begeben Sie sich für ca. 10–15 Minuten dorthin, und beschreiben Sie dann genau die Eindrücke und Gedanken, die Sie während dieser Zeit dort hatten (Sie können sich während der 10–15 Minuten Stichworte aufschreiben). Bitten Sie auch Ihren Lehrer bzw. Ihre Lehrerin, dies zu tun.

b. Suchen Sie eine Ansichtskarte oder machen Sie eine Zeichnung von der gewählten Stelle (oder markieren Sie diese auf dem Stadtplan), und hängen Sie Ihre EINDRÜCKE und GEDANKEN darunter auf.

c. Diskutieren Sie, was an Ihren EINDRÜCKEN und GEDANKEN ähnlich bzw. unterschiedlich ist. Bestimmen Sie, ob der/die Beschreibende jeweils selbst Teil der Situation war oder ob er/sie „von außen" beschrieben hat. Suchen Sie Erklärungen zu beiden Fragestellungen.

d. Stellen Sie sich vor, Sie würden verschiedenen Personen Ihren Kursort zeigen: einem Kind, einem Freund, einer Freundin, einem ausländischen Kollegen, einer Kollegin, einem Touristen, einem...
Würden Sie allen die gleichen Dinge zeigen, und würden Sie allen die gleichen oder verschiedene Erklärungen dazu geben?

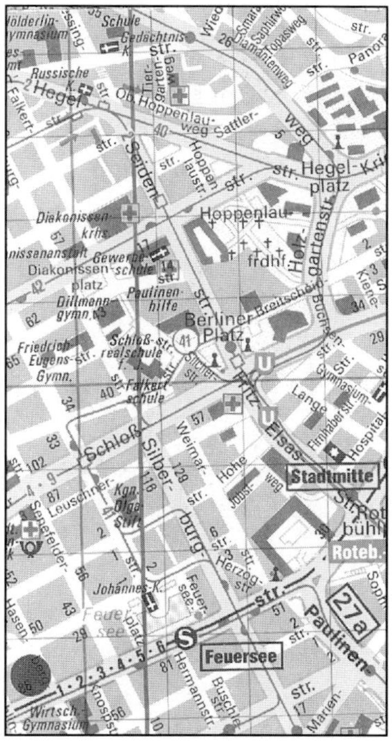

Warum ist die Banane krumm?

ERKLÄRUNGEN AUS DEM UNERKLÄRLICHEN

Von David Feldman

ZU 3.2 Warum ist die Banane krumm?

1. Bilden Sie Gruppen, und suchen Sie Erklärungen für eine der folgenden Fragen.
   a. Warum tragen Matrosen Glockenhosen?
   b. Wie machen Känguruhs eigentlich ihre Beutel sauber?
   c. Warum gehen Uhren im Uhrzeigersinn?
   d. Wieso sind die traditionellen Kochmützen so riesig?

2. Lesen Sie den entsprechenden Text, und erzählen Sie den anderen, was darin steht.

Warum tragen Matrosen Glockenhosen?

Niemand weiß genau, wann und warum sich diese Mode durchsetzen konnte. Die drei wichtigsten Theorien sind:

1. Das ausgestellte Hosenbein paßt leicht über Stiefel: Da Seemänner traditionell beim Schlafen ihre Stiefel neben das Bett stellen, verlieren sie im Notfall keine Zeit damit, ihre Hosen über das Schuhwerk zu zerren. Wenn die Hose über die Öffnung der Stiefel hängt, sind die Seemannsfüße auf Deck außerdem besser vor Gischt und Regen geschützt.

2. Hosenbeine in Glockenform lassen sich leicht aufkrempeln. Da Matrosen oft mit Chemikalien arbeiten, beispielsweise wenn sie das Deck mit Lauge schrubben, bleibt eine aufgerollte Hose eher vor Schäden bewahrt. Darüber hinaus können Glockenhosen leicht bis über das Knie aufgerollt werden, wenn Seemänner an Land waten.

3. Wenn ein Seemann über Bord geht, kann er seine Glockenhosen leichter ausziehen als eine gewöhnliche Hose. Außerdem erleichtert das ausgestellte Hosenbein das Ausziehen der Stiefel im Wasser.

Matrosen bekommen im Segeltraining eine weitere praktische Anwendung mitgeteilt: Wenn sie die Hosenbeine am Ende fest zusammenknoten, bleibt in den Glockenhosen eine Menge Luft. Im Handumdrehen lassen sie sich so als eine Art Rettungsring nutzen.

Wie machen Känguruhs eigentlich ihre Beutel sauber?

Laut Rick Barongi, Kustos für Säugetiere im Zoo von San Diego, halten Känguruhs zunächst mit den Vorderpfoten den Beutel weit auf, stecken dann ihren Kopf hinein und lecken ihn sauber.

Wenn ein Känguruh Mutter wird, hat es seine liebe Not, den Beutel reinlich zu halten, denn die Jungen bleiben – zumindest bei den größeren Arten – bis zu sieben oder acht Monate darin. Danach springen die Kleinen schon mal für einen Spaziergang oder eine Zwischenmahlzeit aus dem Beutel, kommen aber zur Mutter zurück, wenn sie hungrig werden. Sie tun dies so lange, bis sie sich beim besten Willen nicht mehr in den Beutel hineinquetschen können, weil sie zu groß geworden sind, oder bis die Mutter die Nase voll von ihnen hat.

Wenn der Beutel von den kleinen Känguruhs benutzt wird, nimmt die Reinigungsaktivität der Mutter zu, denn die Jungen verrichten im Beutel ihr Geschäft.

Und wir jammern, wenn wir Windeln wechseln müssen.

Warum gehen Uhren im Uhrzeigersinn?

Bei Pferderennen, beim Eisschnellaufen und bei manchen anderen Sportarten haben wir uns an eine Bewegung gegen den Uhrzeigersinn gewöhnt. Aber gibt es irgendeinen Grund, warum alle unsere Uhren im Uhrzeigersinn laufen?

Henry Fried, einer der bekanntesten Horologen der Vereinigten Staaten, hat eine einfache Erklärung für diese Imponderabilie: Bevor die Taschenuhr erfunden wurde, gab es bereits Sonnenuhren. In der nördlichen Hemisphäre bewegten sich die Schatten in eine Richtung, die wir heute „im Uhrzeigersinn" nennen. Die Uhrzeiger imitieren die natürliche Bahn der Sonne. Wären Uhren in der südlichen Hemisphäre erfunden worden, vermutet Fried, wäre „im Uhrzeigersinn" genau andersherum.

Wieso sind die traditionellen Kochmützen so riesig?

In der Küche gab es schon immer seltsame Kopfbedeckungen. Köche tragen entweder häßliche, aber praktische Haarnetze oder die *toques blanches*, (weiße Mützen), flott aussehende Kappen mit so lappigem Oberteil, daß es reichte, eine ganze Familie von Eierköpfen zuzudecken. Gibt es nichts dazwischen? Warum können Chefköche keine Baseballmütze tragen oder eine Melone? Könnte es möglicherweise einen logischen Grund für die Form der Kochmütze geben?

In Frankreich bekamen die Köche bis ins 17. Jahrhundert hinein verschiedenfarbige Mützen verliehen, je nach Rang. Während des 18. Jahrhunderts setzte Talleyrands Küchenchef es durch, daß die gesamte Belegschaft aus hygienischen Gründen den Hut nahm. Die Mütze war nicht nur dazu bestimmt, die Haare des Kochs aus dem Essen herauszuhalten, sondern auch, Flecken auf dem weißen Stoff gleich zu zeigen.

Diese ursprüngliche Kappe war flach. Der hohe Hut gewann jedoch langsam an Popularität. Nicht etwa aus modischen Gründen, sondern um ein wenig Luft an den Kopf zu lassen, denn Köche arbeiteten oft unter extrem heißen Bedingungen.

Der Wiener Küchenchef Antonin Careme, dem gut nicht gut genug war, beschloß, der weißen Mütze fehle das gewisse Etwas. Er tat ein Stück runden Karton in sein Barett hinein, um der Mütze ein etwas steiferes, verwegeneres Aussehen zu geben. Das Stück Karton wird heutzutage durch Stärke ersetzt.

Die weiße Mütze ist nicht funktionaler als ein Haarnetz und ist mindestens genauso albern. Aber, wie Wallfahrer und Musketiere bezeugen können, wird jeder Hut, der als Ehrenbezeugung verliehen wird, vom Besitzer stolz getragen, ganz egal, wie dämlich er aussieht.

LERNBERATUNG: Lesen

Überfliegen Sie erst einmal den ganzen Text, dann finden Sie schnell Ihren Abschnitt. Markieren Sie in Ihrem Abschnitt diejenigen Textteile, die Informationen für die Antwort auf Ihre Frage enthalten.

ZU 3.3.2 Eindrücke aus Deutschland

Transkription des Gesprächs:

Abschnitt 1:

○ Ich war in Deutschland, im Juli, und ich konnte damals nicht gut Deutsch. Ich hatte erst ein Jahr Deutsch gelernt. Und die Leute waren immer sehr nett. Sie haben mir viel geholfen. Und sie sagten immer: „Du sprichst aber gut Deutsch." Ich wußte, daß das nicht stimmte, aber sie waren auf jeden Fall nett. Ich habe sie nicht kalt gefunden. Sie waren sehr, sehr nett, und es war sehr leicht, mit ihnen zu reden, spazierenzugehen und alles zu machen. Junge Leute und auch die Eltern meiner Freundin waren auch sehr nett, und es war alles sehr leicht. Ich habe gedacht, daß Deutschland und Katalonien eigentlich gar nicht so verschieden sind.

● Also, ich meine, der Grund dafür könnte auch sein, daß du im Süden warst. Ich war in Düsseldorf, also ich hab nicht viele Leute, also nicht viele Deutsche kennengelernt. Aber ich habe auch gemerkt, daß die Leute sehr höflich sind. Ich war immer auf der Straße mit einem Stadtplan, und alle Leute haben mich gefragt: „Kann ich Ihnen helfen?" Obwohl es junge Leute waren, haben sie zu mir „Sie" gesagt, nicht „du", nicht. Das ist, glaube ich, ein Zeichen, daß sie ein bißchen kalt sind, vielleicht, oder sie wollen sich damit vielleicht ein bißchen ... trennen.

○ Nein, nein, ich war auch überrascht, weil – alle haben mich auch gesiezt, und ich konnte das nicht verstehen. Und später habe ich auch gemerkt, daß die Leute, die im Gymnasium waren, eine Lehrerin, und sie war ganz nett, und sie hat uns, mich auch, zu sich eingeladen. Und wir haben dort gegessen, und alles war sehr nett, und obwohl sie eine gute Freundin von ihnen war, haben die Leute sie immer gesiezt. Und ich habe das gefragt, und alle waren da, und ich habe das gefragt, und sie haben gesagt, es ist hier normal in Deutschland, die Leute zu siezen, und das bedeutet nichts, nichts Besonderes.

● Na, ja, aber wir zum Beispiel finden es sehr, sehr komisch, nicht, daß junge Leute sich gegenseitig siezen und nicht „du" sagen. Aber na ja, vielleicht bedeutet das eigentlich nichts.

○ Einige haben mich gefragt, ob ich gesiezt oder geduzt werden wollte. Und ich habe immer gesagt, du, du kannst zu mir „du" sagen.

Abschnitt 2:

● Also, als ich in Deutschland war, habe ich bei einem Freund gewohnt, der war Deutscher und hatte auch einen einzigen Freund, den hab ich auch kennengelernt. Was ich gemerkt habe, ist, daß beide zwei Arbeiten hatten, also sie haben morgens gearbeitet. Nachmittags sind sie in eine andere Firma gefahren, haben bis 6 Uhr ungefähr gearbeitet. Hinterher haben sie vielleicht Sport getrieben oder ein Bier getrunken. Ja, mit diesem Geld, das sie verdient haben, haben sie viele schöne Sachen gekauft, also Geräte wie Compact-Disc, Video-Geräte und alles das. Aber sie haben das gar nicht benutzen können, also sie hatten keine Freizeit dafür. Und das hab ich ein bißchen komisch gefunden.

○ Aber nach 6 Uhr abends hatten sie Freizeit.

● Ja, aber sie sind meistens um 6 Uhr morgens oder 5 aufgestanden, also sie sind ein bißchen müde. Nach 6 Uhr Sport treiben, zum Beispiel, nachher essen sie ein bißchen ...

○ Wo ich war, war es ganz anders. Nach 6 Uhr abends konntest du in der Stadt spazierengehen oder radfahren, und ich war sehr überrascht, daß so viele Leute das machten, gemacht haben. Aber viele, es war normal. Die Leute mit den Kindern und alle ...

● Ja, du hast gesagt, du warst im Juli da. Also, das ist Sommerzeit, die Leute leben vielleicht ein bißchen anders als im Winter. Ich war da im Winter, und um 5 Uhr abends war es schon ganz, ganz dunkel, und kalt auch ...

Abschnitt 3:

○ Als ich da war, haben alle Leute über das Wetter geklagt, ne, es war Winter, und die meisten Tage war es ganz bewölkt, man konnte die Sonne nicht sehen. Mir hat das gefallen, ich mag keine Sonne, also ich hab das schön gefunden. Es hat auch geschneit und, na ja, für die anderen Leute war das ganz normal, glaube ich, aber ich war so froh, ich konnte mit dem Schnee spielen, und na ja, das war ... aber ich meine den Unterschied, weil ich täglich vielleicht die Sonne hier in Spanien sehen kann, hab ich gedacht, das war kein Grund, um sich darüber zu beklagen.

● War es sehr kalt? Kälter, viel kälter als hier?

○ Ja, ja. Ich bin im Oktober angekommen, und es war auch, na ja, ein bißchen kälter, aber nachher war es sehr, sehr kalt, für mich. Ich habe das gefunden, einen großen Unterschied, aber man konnte mit dieser Kälte besser leben als hier vielleicht, oder ich habe mich daran gewöhnt.

Abschnitt 4:

● Und die Deutschen sind ehrlich Grüne. Überall habe ich die großen Container gesehen, und nicht nur für Glas, für Papier und Batterien und so. Und auch der „Grüne Punkt“. Wenn du etwas kaufst, kannst du immer die grüne Alternative kaufen, viel mehr als hier.

○ Das sehe ich auch sehr gut. Aber hier zum Beispiel, obwohl wir das vielleicht machen möchten, haben wir nicht die Möglichkeit, es zu machen. Zum Beispiel, ich hab zu Hause altes Papier. Um einen Container in meinem Dorf, also ich wohne in Mollet, zu finden, das ist ein ganzes Abenteuer. Für Glas findet man einfacher einen, es gibt viele, aber für Batterien, Altpapier und Plastik ... es gibt keinen für Plastik, ich habe keinen gesehen.

● Ich glaube, die Deutschen sind umweltbewußt, und sie haben auch die Möglichkeit, es zu sein. Hier ist es so schwierig.

○ Ja, hier gibt man sich Mühe, etwas gut zu machen, und man kann es nicht machen.

ZU 3.4.2 Blick aus dem Fenster

1. **Textaufbau, Sprache und Interpretation des Textes:**

a. Markieren Sie die sprachlichen Gliederungsmerkmale im Text.
b. – Warum benutzt Peter Schneider Infinitive statt Imperative (Zeilen 11 und 12, Zeile 91)? Was ist der Unterschied? Wie würde man das bei persönlichem Kontakt formulieren?
   – Ersetzen Sie die Passivformen durch Aktivformen und wörtliche Rede (Zeilen 68–77). Was drückt hier die Passivform aus?

2. **Geschichten erzählen II: Lesen und Bewegung**

Setzen Sie sich zu zweit zusammen. Der eine liest dem anderen den Text von Peter Schneider vor (siehe auch „Geschichten erzählen I" Seite 93). Sie sollten nicht nur gut betonen und Ihren Partner bzw. Ihre Partnerin ansehen, sondern auch versuchen, Teile des Textes mit Gestik zu untermalen.
Überlegen Sie sich gemeinsam, welche Gestik zu welchem Satzteil paßt. Korrigieren Sie sich gegenseitig. Lesen Sie im Stehen vor. Achten Sie darauf, daß Ihre Füße stehenbleiben und sich Ihr Körper nicht bewegt.

3. Vermutungen äußern und irreale Komparativsätze

Keine Wäsche auf der Leine! –

Es sieht so aus, **als hätten** alle Leute einen Wäschetrockner.
Es sieht so aus, **als ob** hier niemand wohnen würde.
Vielleicht lassen die Leute alles in der Wäscherei waschen.
Vermutlich sind sie gerade im Urlaub.

Was vermuten Sie?

a) Keine Kinder auf den Balkons!
Es sieht so aus …
b) Keine Graffitis an den Häuserwänden!
Das kommt mir so vor …
c) Die Sauberkeit im Treppenhaus!
Die Treppe macht den Eindruck …
d) Überall Schilder!
Wenn ich die vielen Schilder im Treppenhaus sehe, habe ich das Gefühl …
e) Gärten mit Mauern!
Das Gärtchen sieht so aus …
f) Umgang mit Autos!
Es scheint …
g) Der Blick der Leute!
Ich komme mir so vor …
h) Die ernsten Gesichter!
Die Leute sehen aus …
i) Die Leute gestikulieren nicht!
Sie bewegen sich …

Peter Schneider steuert in seinem Text die Interpretation durch eine Fülle von Einzelwahrnehmungen, die alle in die gleiche Richtung weisen. Jede Erscheinung für sich könnte in einem anderen Kontext aber auch etwas anderes bedeuten.

4. Schreiben Sie einen Rätseltext über einen Ort, und lassen Sie die anderen raten, welchen Ort Sie meinen.

5. Wechselverhältnisse: Reziprokpronomen

Die Leute im Haus kennen **sich** nicht.
Der eine kennt **den anderen** nicht.
Sie kennen **einander** nicht.

Sie führen keine Gespräche.
Keiner spricht **mit** dem anderen.
Sie sprechen nicht **miteinander.**

a. Beschreiben Sie die Beziehungen der Leute im Text von Peter Schneider mit ähnlichen Sätzen.
b. Schreiben Sie über Beziehungen von:
Nachbarn, Geschwistern, Liebespaaren …
Beispiel: *Sie streiten miteinander.*
Sie schauen einander tief in die Augen.

ZU 4.2 Bedingungen und Voraussetzungen: Konditionalangaben

Konnektor	Beispielsätze	Wortklasse
bei	Bei nur einer Woche Aufenthalt ist es nicht leicht, eine Stadt richtig kennenzulernen.	*Präposition*
	In einer Woche kann man nicht viel sehen, es sei denn, man hat sich gut vorbereitet.	
	Wenn man alle Sehenswürdigkeiten besichtigen will, (dann) sollte man sich vorher ein Programm machen.	
	Man darf sich nicht zu viel vornehmen, sonst sieht man nur das, was man ohnehin weiß.	
	Will man allerdings mehr als ein Touristenprogramm absolvieren, (dann) sollte man sich treiben lassen.	
	Wenn Sie einen ortskundigen Begleiter hätten, wäre das ein großer Vorteil.	
	Falls/Sofern Sie daran Interesse haben, kann ich Ihnen jemanden nennen, der sich gut auskennt.	
	Hätte ich das früher gewußt, (dann) wäre mir das nicht passiert.	
	Sollte ich noch mal hierher kommen, (dann) werde ich es ganz anders anfangen.	
	Wenn ich noch einmal in die Stadt käme, würde ich bestimmt keine „Sehenswürdigkeiten" besichtigen.	

1. – Tragen Sie in die linke Spalte das Bindewort (den Konnektor) ein und in die rechte die Wortklasse (Konjunktion, Subjunktion, Adverb, Partikel, Präposition, verbaler Ausdruck?).
   – Markieren Sie die Verbstellung in den Beispielsätzen.

Lövo

2. Was würden Sie gerne erreichen?
   – eine gute Arbeit finden
   – Erfolg bei den Männern/Frauen haben
   – etwas perfekt beherrschen
   – ...

Sammeln Sie die Wünsche der Gruppenmitglieder auf Zetteln oder an der Tafel, bilden Sie Beraterteams. Jedes Beraterteam schreibt ein Merkblatt mit den Bedingungen und Voraussetzungen, um einen bestimmten Wunsch zu realisieren. Benutzen Sie die sprachlichen Mittel aus dem Kasten.

ZU 4.3 Prototyp und Bedeutung

1. **Geschichten erzählen III: Lesend erzählen**

   Setzen Sie sich zu viert zusammen. Eine Person trägt die Geschichte „Der kleine König" vor. Jedesmal, wenn die Person den Blick vom Text löst, schaut sie abwechselnd die Partner an.
   Wenn Sie die Geschichte mindestens viermal gehört haben, können Sie versuchen, sie zu erzählen, indem Sie fast gar nicht mehr auf den Text schauen.

2. **Was ist ein richtiger Vogel?**

   Beispiel:

> Als der kleine Vogel die Ente sah, flog er hinunter, setzte sich neben sie ins Gras und plusterte sich auf. „Was bist du für ein Vogel, wenn du nicht fliegen kannst?" sagte er. Und die Ente erwiderte: „Was bist du für ein Vogel, wenn du nicht schwimmen kannst?" Und stieg ins Wasser.

Aus: Serge Prokofjew, Peter und der Wolf

Diese „Argumentation" zeigt, daß man mit Vogel-Sein bestimmte Eigenschaften und Vorstellungen verbindet. Und dies gilt natürlich auch für andere Konkreta wie „Hund" zum Beispiel. Ebenso verbindet man bestimmte Vorstellungen mit Handlungen wie „essen", „grüßen" usw., mit Abstrakta wie „angenehm", „Freiheit", „schön", „Urlaub" usw.

a. Was ist für Sie ein mehr, und was ein weniger typischer Vogel?
   Ordnen Sie, und ergänzen Sie, wenn nötig.

Flamingo	Strauß	Gans
Spatz	Storch	Adler
Schwalbe	Huhn	Kolibri
Uhu	Pfau	Pinguin

b. – Welcher Vogel steht für Sie an erster Stelle?
   (Das ist also der Prototyp, an dem Sie „Vogel-Sein" messen.)
   – Vergleichen Sie die Reihenfolge in der Gruppe. Wenn Sie alle aus derselben Kultur kommen und ähnliche Reihenfolgen haben, können Sie auf einen kulturspezifischen Prototyp schließen.
   – Diskutieren Sie, in welchem Land/Kontinent die Reihenfolge anders sein könnte.

c. Argumentation:
   Ein König, der keine Krone hat, ist doch kein König ...
   Ein Urlaub, ohne zu verreisen, ist kein richtiger Urlaub ...
   Zu einer richtigen Begrüßung gehört ein Handschlag ...   ... ODER ?
   Um schön zu sein, muß man sich modisch kleiden ...
   Feierabend ohne Fernsehen ist Mist ...
   Ein Freund muß immer für einen dasein ...
   ...

   Finden Sie weitere Beispiele.

ZU 4.4 Temporale Satzverbindungen: Subjunktionen* und Adverbien

Subjunktion	Beispielsätze	Zeitlicher Ablauf
als	Als er das Wasser zu seinen Füßen bemerkte, blieb er stehen.	*Zwei Dinge passieren gleichzeitig in der Vergangenheit.*
	Sowie er seine gefährliche Lage erkannte, sah er sich nach Hilfe um.	
	Während das Wasser immer höher stieg, rief er mehrmals um Hilfe.	
	Solange er auf Hilfe hoffte, unternahm er nichts, um sich zu retten.	
	Bevor seine Füße naß wurden, hatte er nicht gewußt, wo er sich wirklich befand.	
	Nachdem er die Hoffnung auf fremde Hilfe aufgegeben hatte, erinnerte er sich daran, daß er ja schwimmen konnte.	
	Ihm fiel keine Lösung ein, bevor ihm das Wasser nicht bis zum Hals stand.	
	Immer wenn er später in die Berge fuhr, nahm er vorsichtshalber einen Schwimmreifen mit.	

* = Subjunktoren. In manchen Grammatiken verwendet man das Begriffspaar „Subjunktor – Konjunktor". In Anlehnung an *Heringer: Grammatik und Stil* verwenden wir das Begriffspaar „Subjunktion – Konjunktion" (=nebenordnendes – unterordnendes Bindewort). „Konnektor" ist der übergeordnete Begriff und bezeichnet ganz allgemein verschiedene Kategorien von Bindewörtern.

1. Schreiben Sie links neben die Beispielsätze die Subjunktionen, und erklären Sie rechts den zeitlichen Ablauf: Handlung A (Nebensatz) passiert **gleichzeitig** mit, **vor** oder **nach** Handlung B (Hauptsatz). Erklären Sie daraus den Zeitengebrauch.

Lövo

2. Ergänzen Sie mit Temporalsätzen:

a) ______________________________,
bekam ich einen Riesenschreck.

b) ______________________________,
zog ich die Strümpfe wieder an.

c) ______________________________,
versteckte ich die Zigarette in der Hosentasche.

d) ______________________________,
habe ich mich verliebt.

e) ______________________________,
wurde ich ganz rot.

f) ______________________________,
mußte ich die Wahrheit sagen.

g) ______________________________,
war ich ganz allein.

h) ______________________________,
ging es mir wieder besser.

3. Temporale Satzverbindungen: *solange, während*

Solange er auf Hilfe von außen hoffte, war er in Gefahr.
Während das Wasser immer höher stieg, dachte er: „Hätte ich doch meine rote Badehose dabei!"

Solange: Zwei parallel ablaufende Handlungen. Handlung A dauert so lange wie Handlung B.

Handlung A:
Handlung B:

Während: Zwei oder mehrere parallel ablaufende Handlungen. Die Handlungen B, C ... passieren im Zeitraum von Handlung A.

Handlung A:
Handlung(en): B C D

Ergänzen Sie die Sätze:
a) Während ich mich duschte, ...
b) Solange ich unter der Dusche stand, ...
c) Während ich schlief, ...
d) Solange er mir den Rücken zudrehte, ...
e) Er bekam kein Geld, ...
f) Sie waren glücklich, ...
g) Er ging ins Kino und anschließend in die Kneipe, ...
h) ...

4. *Kaum*

Kaum, … da … (auch schon)
Kaum, … als … (auch schon)

Sowie er seine gefährliche Lage erkannte, sah er sich nach Hilfe um.

Oder, emotionaler, noch mehr „auf den Punkt gebracht“:

Kaum erkannte er seine gefährliche Lage,
da sah er sich **(auch schon)** nach Hilfe um. (mündlich)
als er sich **(auch schon)** nach Hilfe umsah. (eher schriftlich)

Formen Sie die ersten Sätze der folgenden Aufgabe um, ergänzen Sie die letzten frei. Achten Sie auf die Wortstellung.

a) Sowie er sich seiner Kraft bewußt wurde, konnte er sich selbst helfen.
b) Sowie er eine Gelegenheit entdeckt, nutzt er sie aus.
c) Sobald er selbst gerettet war, half er bei der Bergung der Verletzten.
d) Sowie er Geld in den Fingern hat, spielt er den großen Mann.
e) Kaum waren sie verheiratet, …
f) Kaum war er aus dem Gefängnis entlassen, …
g) Kaum dreht der Lehrer/die Lehrerin der Klasse den Rücken zu, …

5. Bedeutungsverstärkung von Temporalsätzen durch Adverbien: Korrelate

Wenn ich erst mal 18 bin, **dann** mache ich aber, was ich will.
Als er sie zum erstenmal sah, **da** machte er aber Augen!
Kaum hatte er den Satz gelesen, **da** hatte er ihn auch schon wieder vergessen.

Bilden Sie ähnliche, stark betonte oder übertreibende Sätze.

6. Vom Satz zum Text

Subjunktionen	Adverbiale Satzglieder
als	da, dabei
sobald, sowie	im gleichen Augenblick, in dem Moment, sofort
wenn	dann, später
immer wenn	jedesmal
während	währenddessen, inzwischen
bevor, ehe	vorher, zuvor, als erstes, zuerst, vorerst
nachdem	danach, hinterher, später, schließlich
seit, seitdem	seitdem

Verbinden Sie die folgenden Sätze mit passenden Konnektoren zu einem Text.
Benutzen Sie aber kein Bindewort zweimal. Achten Sie auf die Wortstellung!

Er kam zum ersten Mal in diese Stadt.
Er hatte schon viel über die Stadt gehört.
Er besorgte sich einen Stadtplan.
Er stellte sich ein Programm der wichtigsten Sehenswürdigkeiten zusammen.
Er kam an.
Er machte eine Stadtrundfahrt.
Er überlegte, womit er anfangen könnte.
Er besichtigte das höchste Gebäude der Stadt.
Er überlegte, was er noch zu besichtigen hatte.
Er lief mit seiner Liste im Kopf durch die Stadt.
Er befürchtete, er könnte sein Programm nicht schaffen.
Er sah etwas Ungewohntes.
Er ging schnell daran vorbei, um keine Zeit zu verlieren.
Er hatte alles gesehen, was er wollte.
Er merkte, daß er nichts erlebt hatte.
Er mußte abreisen.
Er nahm sich vor, irgendwann wiederzukommen.
Er wollte nichts ansehen, sondern die Augen offen halten.

7. **Schreiben und Erzählen**

Ein Kinderaufsatz:

Gestern war mein Geburtstag. Ich bin jetzt
10 Jahre alt.
Der Hannes und die Jule und der Pitt
und der Marcel sind gekommen.
Der Mark hat sein Geschenk vergessen.
Ich habe einen Fußball gekriegt. Wir
haben Fußball gespielt. Da ist der Ball
kaputt gegangen. Dann haben wir Kuchen
gegessen.
Ich habe drei Stück gegessen.
Dann haben wir auch Kakao getrunken.
Dann haben wir Spiele gemacht. Da hat
die Jule geweint. Sie wollte nicht mehr mit-
machen.
Dann haben wir Cowboy gespielt und
dann war es dunkel und das war alles.

a. Kinder schreiben oft so, wie sie erzählen. Stellen Sie die Stilmerkmale fest.
Syntax und Satzverbindungen:
Wortwahl:

b. Ein Erwachsener würde sich anders ausdrücken. Schreiben Sie über ein Fest einen kleinen Text, der Teil eines Briefes sein könnte.

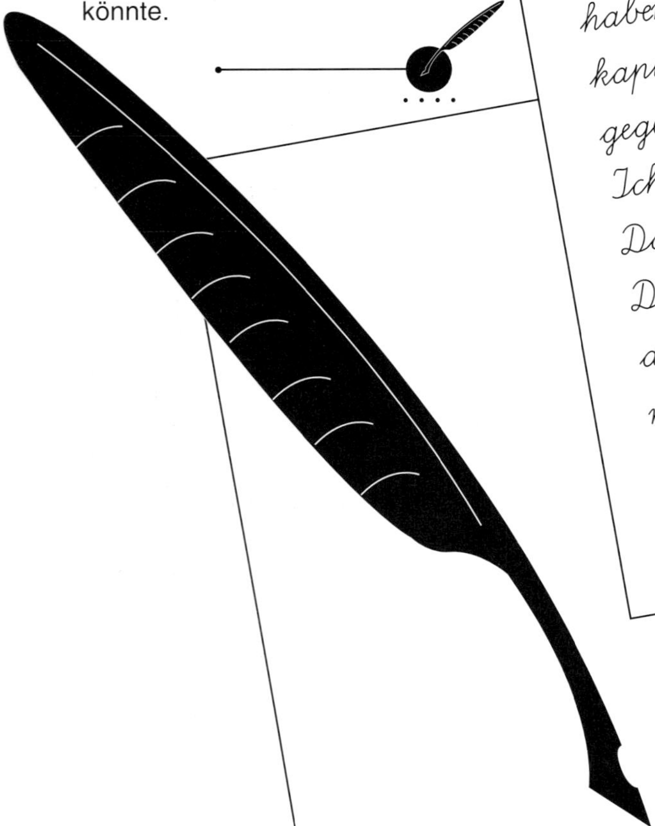

LERNBERATUNG: Fehlerkorrektur

Suchen und korrigieren Sie zu zweit in Ihren Texten die Fehler in der Verbstellung.
Überlegen Sie: Warum mache ich diese Fehler?

Zum Anbeißen

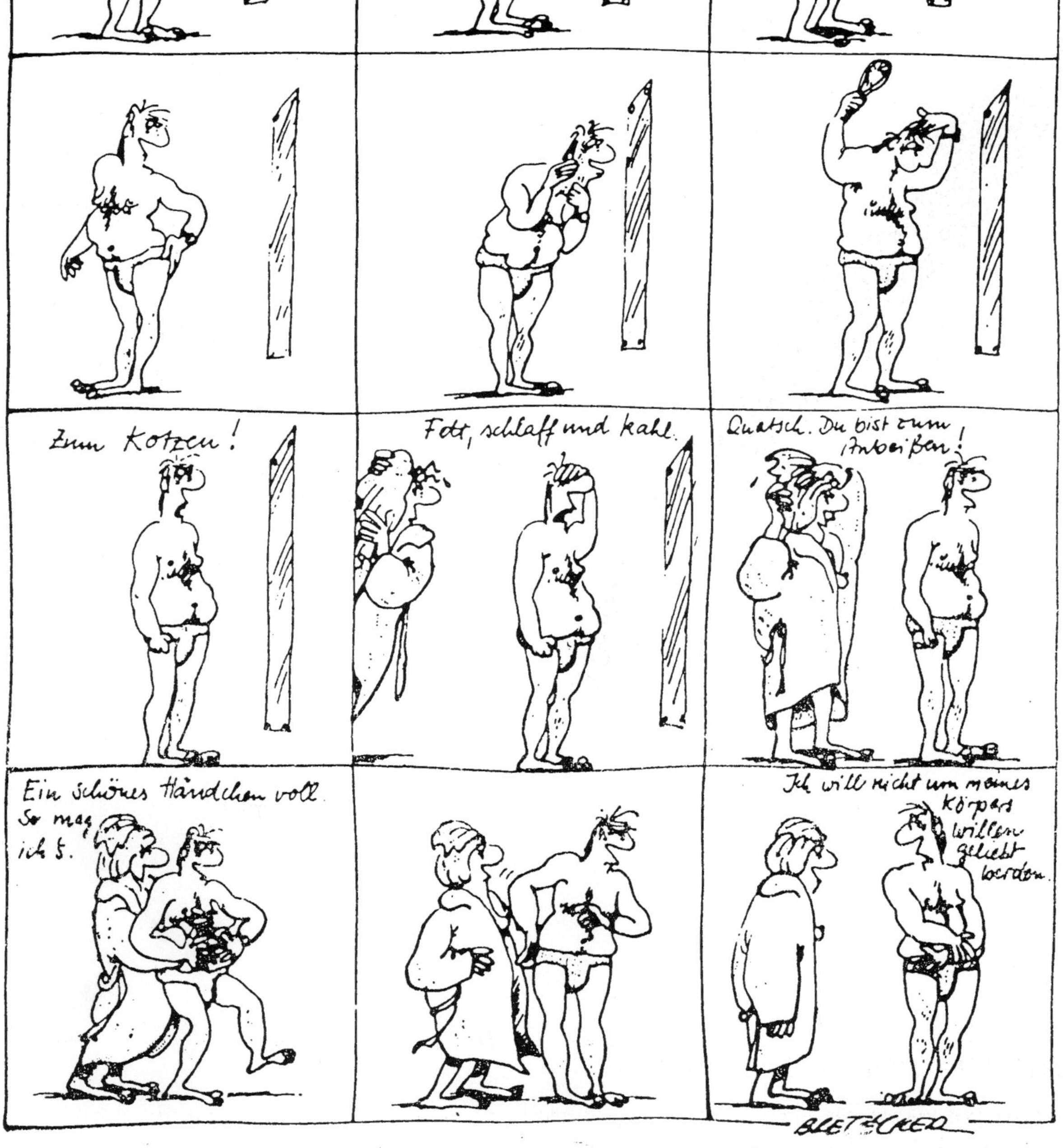

ZU 5.2 Bildertest

1. **Auswertung des Bildertests**

Zählen Sie Ihre angekreuzten Zahlen wie folgt zusammen:

Wie viele ± 0	multipliziert mit 0 =
Wie viele ± 1	multipliziert mit 1 =
Wie viele ± 2	multipliziert mit 2 =
Wie viele ± 3	multipliziert mit 3 = ___________
	Punktzahl:

Ergebnis:

0–3 Punkte: Sie können sich nicht entscheiden. Man kann aber nicht lange „neutral" bleiben, sonst blockiert man sich. Tun Sie etwas dagegen, treffen Sie bewußt Entscheidungen, werden Sie ein wenig bestimmter: ja, fast resoluter. Auf dem Standesamt wird sich jeder entscheiden müssen.

4–6 Punkte: Sie sind ein wenig wankelmütig, vorsichtig, aber warum auch nicht, denn man hält Sie für sympathisch, liebenswürdig, angenehm, auch weil Sie keine extremen Meinungen über andere haben. Können Sie auch mal „aus der Haut fahren" und boshaften Menschen die Meinung sagen? – Bleiben Sie in Ihrer Heimat, wie Sie sind, werden Sie in Deutschland aber mutiger mit Ihrem Urteil. Manche Sachen (aber nicht alle!) kann man dort schon direkter ausdrücken.

7–10 Punkte: Sicher sind Sie nett, liebenswürdig und beliebt, wahrscheinlich auch hübsch, bzw. gut aussehend, vielleicht ähnlich „dem Deutschen", den Politiker anzusprechen versuchen? Ihr Urteil ist ausgewogen. Aber: Bleiben Sie immer bei Ihrem ersten Urteil, oder ändern Sie es leicht, wenn Sie eine Person besser kennenlernen?

11–14 Punkte: Von vielen Menschen werden Sie als gewinnend, anziehend angesehen, einige wenige mögen Sie nicht. Wenn Sie flexibel sind und Ihre Urteile über andere als Hypothesen ansehen, als vorläufig, und sie auch ändern können, bleiben Sie so! Sie werden viel von Deutschland und besonders von den Menschen sehen, wenn Sie einmal dorthin kommen.

15–18 Punkte: Sie Extremist! Seien Sie ein wenig umsichtiger, vorsichtiger, rücksichtsvoller, wenn Sie Schlüsse ziehen über Menschen. Haben Sie Vorurteile? Oder gehen Sie erst mal von einer extremen Interpretation aus, und korrigieren Sie Ihr Urteil dann?

2. **Angaben zu den Personen des Bildertests**

Bild 1: Horst Bredekamp, Kunstgeschichtsprofessor
Bild 2: Lotti Huber, Schauspielerin
Bild 3: Silvi und Charly Jungblut, Schneiderin und Lagerarbeiter
Bild 4: Anette Entling und Thomas Voltz, Bürokauffrau und Papiermacher
Bild 5: Paul Flora, Zeichner

3. **Personen beschreiben und charakterisieren**

Adjektive aus 1:

neutral – bestimmt – resolut – wankelmütig – vorsichtig – sympathisch – liebenswürdig – angenehm – extrem – boshaft – mutig – direkt – nett – beliebt – hübsch – gut aussehend – dem Deutschen ähnlich – ausgewogen – gewinnend – anziehend – flexibel – umsichtig – rücksichtsvoll

a. Suchen oder bilden Sie Gegensatzpaare zu den Adjektiven im Kasten.
b. Bearbeiten Sie eine der folgenden Aufgaben:
   - Zeichnen Sie Personen, und schreiben Sie die entsprechenden Adjektive dazu.
   - Suchen Sie passende Adjektive zu den Gesichtern unten.
   - Beschreiben Sie zwei extrem verschiedene Personen.
   - Versuchen Sie, eine liebenswürdige / boshafte / sympathische ... Person darzustellen, und lassen Sie die anderen raten.

3

4

5

6

7

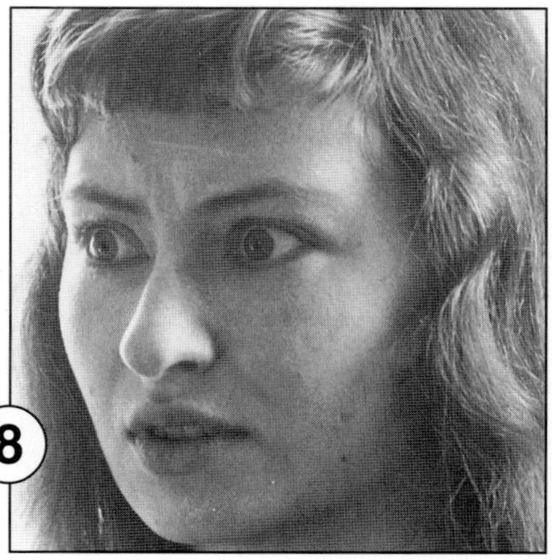
8

ZU 5.3 Was für ein Mensch ist das?

Bilden Sie mehrere Kleingruppen. Die Hälfte der Gruppen arbeitet mit dem Bild im Textbuch, die andere Hälfte mit diesem Bild.

1. **Was für ein Mensch ist das?**

   Charakterisieren Sie diese Person:
   Auf wie alt schätzen Sie den Mann?
   Was könnte er von Beruf sein?
   Wie geht er wohl mit seinen Kollegen und Kolleginnen um?
   Was denken Sie: Wie geht er mit Geld um?
   Wie ist sein Familienleben?
   Was für Hobbys könnte er haben?
   ...

2. Vergleichen Sie die Ergebnisse der Gruppen, die mit demselben Bild gearbeitet haben.

3. Stellen Sie die Ergebnisse aller Gruppen im Plenum vor.

ZU 5.4 Vermutungen äußern: Modalverben, Adverbien, Redemittel

mag könnte wird wohl kann dürfte müßte muß/kann nicht ↓	steigender Grad von Wahrscheinlichkeit

1. Drücken Sie den Wahrscheinlichkeitsgrad des Adverbs durch ein Modalverb aus.

   a) Bauern sind es gewiß nicht.
   b) Der andere ist schon eher ein Unternehmer.
   c) Sie haben bestimmt schon eine 300-Mark-Zeche.
   d) Möglicherweise ist sein Sohn Radikaler.
   e) Und die Tochter geht vielleicht auf die 30 zu.
   f) Aber wahrscheinlich ist er doch Kaufmann.
   g) Vermutlich ist er krank.
   h) Na klar, das ist natürlich ein Vertreter.
   i) Die beiden anderen sind offensichtlich nicht seine Kunden.
   j) Die drei erzählten sich höchstwahrscheinlich zotige Witze.

Lövo

2. **Was ist hier wohl passiert? Was ist hier wohl los?**

Ich glaube,

Ich denke nicht,

Ich denke,

Bild 1

Ich vermute,

... sieht so aus,

Ich nehme nicht an,

Ich kann mir kaum vorstellen,

Ich schätze,

Bild 2

ch könnte mir vorstellen,

Ich bin der (festen) Überzeugung,

Ich nehme (stark) an,

Ich bin überzeugt,

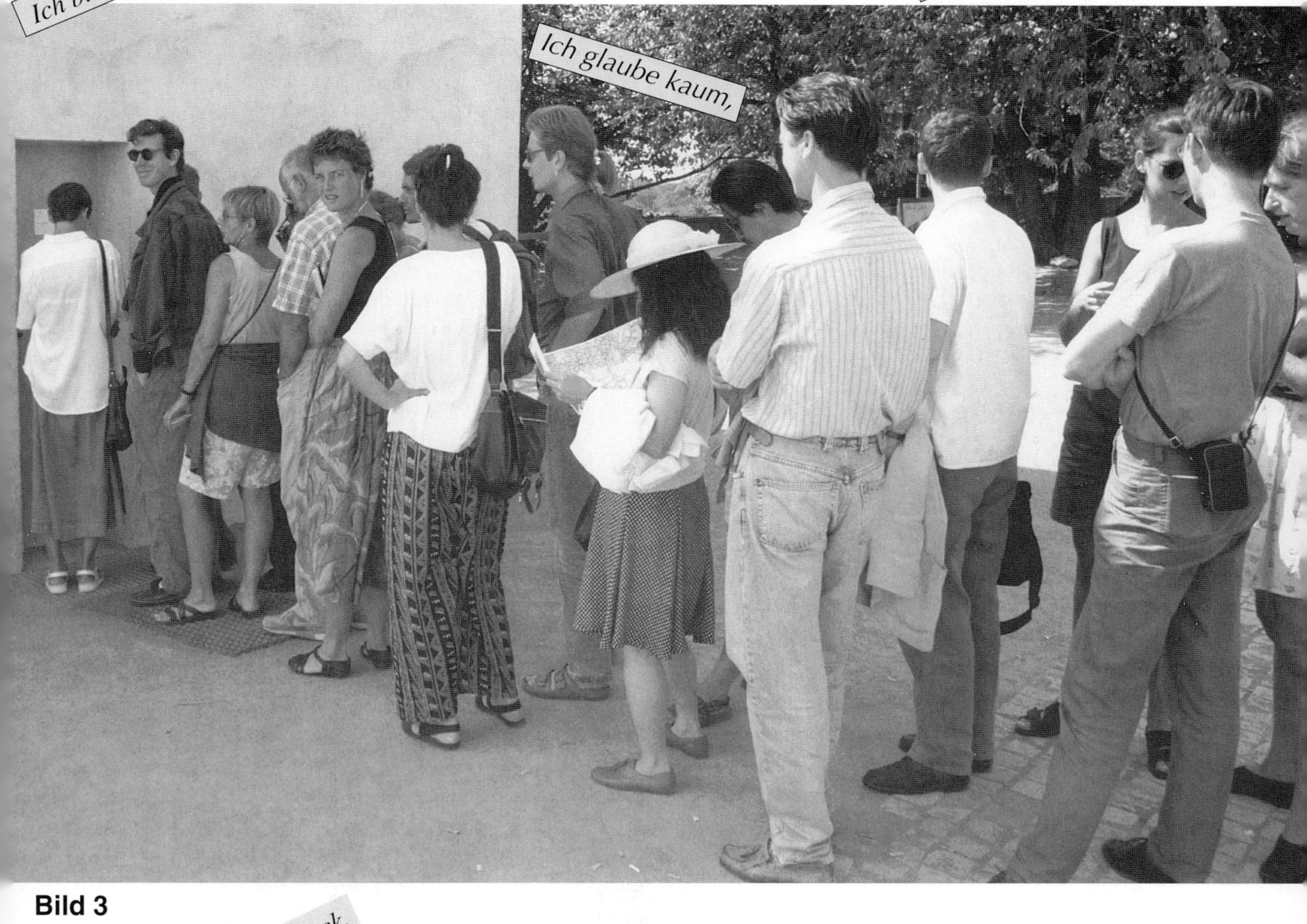

Ich glaube kaum,

Bild 3

Ich habe den Eindruck,

... sieht nicht so aus,

3. Wünsche und Ratschläge: Konjunktiv II (Irreale Bedingungssätze)

Wenn eine Fee **käme** und mich **fragte**, was für drei Wünsche ich **hätte**, **würde** ich mir als erstes **wünschen**, ...
Dann **hätte** ich, **könnte** ich, **würde** ich, **wäre** ich, **wüßte** ich, ...

Was würden Sie sich wünschen, wenn Sie drei Wünsche frei hätten?

4. Hinterher weiß man es immer besser!

Beispiel:
Um keine Probleme zu kriegen, ***hätte*** *Beissel sich von seiner imaginären Fee den Blick in die Zukunft* ***wünschen müssen.***

Eine Situation:
Sie hatten sicher schon einmal ein Problem wie dieses:
Sie sind nachts spazierengegangen, Sie kamen zurück und stellten fest, daß Sie keinen Schlüssel dabei hatten. Niemand war im Haus. Was hätten Sie tun können, müssen, sollen, nicht tun dürfen?
Was haben Sie getan?

Erzählen Sie sich gegenseitig von solchen Situationen. Geben Sie Ratschläge.
Beispiel:
Du hättest den Schlüsseldienst anrufen können.
Du hättest mich nur anzurufen brauchen ...

5. **Übung zur Realisierung von Wünschen**
oder
Übung zur Überwindung des Konjunktiv II

In einem alten deutschen Liebeslied (Sie können es auf der Cassette hören) beklagt sich ein Mann (oder eine Frau), daß er/sie nicht bei seiner/ihrem Liebsten sein kann:

Wenn ich ein Vöglein wär
und auch zwei Flügel hätt,
flög ich zu dir.
Weil's aber nicht kann sein,
weil's aber nicht kann sein,
bleib ich allhier.

Wir wollen versuchen, den beiden zu helfen:

Fliegen kann ich nicht, weil ich keine Flügel habe.
Mit dem Flugzeug ginge es, aber das wäre zu teuer.
⇩
Vielleicht könnte ich mit dem Auto fahren.
Aber ich habe ja keins.
⇩
Doch halt, vielleicht würde Jochen mir sein Auto leihen!
Ich ruf ihn mal an.
⇩
Jochen ist ein echter Freund, er hat mir sein Auto geliehen.
Ich fahre zu dir.

Ein weiteres Beispiel:

Wenn ich mehr Zeit hätte, könnte ich endlich mehr Bücher lesen.
Warum habe ich so wenig Zeit?
⇩
Wenn ich weniger arbeiten würde, hätte ich mehr Zeit.
Das geht nicht! Ohne Arbeit kein Geld!
⇩
Wenn ich weniger fernsehen würde, hätte ich mehr Zeit.
Das ist nicht so einfach bei meiner Charakterschwäche, aber:
⇩
Wenn ich den Fernseher verschenken würde, würde ich weniger fernsehen.
Das geht, auch wenn es schwer fällt! (Sprung zum Indikativ möglich!)
⇩
Ich verschenke den Apparat, ich sehe weniger fern, ich habe mehr Zeit, ich lese viele Bücher.

– Versuchen Sie jetzt, nach diesem Schema Ihre Wünsche von Aufgabe 3 zu erfüllen.

ZU 5.6 Redewiedergabe: Zeitungsbericht

1. Lesen Sie die folgende Überschrift: Was ist da passiert? Was für Fragen kommen Ihnen zu diesem Fall?
   Sammeln Sie die Fragen aller Teilnehmer an der Tafel, numerieren Sie die Fragen, und schreiben Sie (auf der nächsten Seite) die Nummer jeweils dort an den Rand des Textes, wo man die Antwort auf die Frage findet.

Zwei Babys in Klinik vertauscht – eine der Mütter ist noch ahnungslos

Zwei Babys in Klinik vertauscht – eine der Mütter ist noch ahnungslos

FRANKFURT – Ein Alptraum vieler Mütter ist in der Frankfurter Universitätsklinik für eine 34jährige Frau Wirklichkeit geworden: Nach einer Behandlung auf der Intensivstation wurde ihr neugeborener Sohn mit einem anderen Baby im Krankenhaus vertauscht. „Seit etwa dreieinhalb Jahren zieht die Frau nun offenbar ein fremdes Kind auf", sagte Hubert Harth, Sprecher der Frankfurter Staatsanwaltschaft. Daraus ergibt sich, daß eine andere Mutter in derselben Lage ist, ohne es bislang zu wissen.

Nach Darstellung der Staatsanwaltschaft kam die Verwechslung überhaupt nur wegen eines Prozesses vor dem Vormundschaftsgericht ans Licht. Die alleinerziehende Mutter hatte den vermeintlichen Vater des Jungen auf Zahlung von Unterhalt verklagt. Als der Mann sich weigerte, ordnete die Behörde ein Blutgruppengutachten an. „Der Test ergab, daß der angebliche Vater nicht der leibliche Vater des Kindes ist", sagte Harth in Frankfurt.

Daraufhin wurde der Fall an die Staatsanwaltschaft weitergeleitet, die ein Ermittlungsverfahren gegen die 34jährige Angestellte eröffnete. Auch sie unterzog sich einem Bluttest. Der ergab, daß „auch die Mutter nicht die genetische Mutter des Kindes" ist.

Der Sprecher der Frankfurter Universitätsklinik, Hans Ditzel, zeigte sich angesichts der möglichen Verwechslung der Kinder in der Neugeborenenabteilung „rat- und hilflos". So etwas dürfe nicht passieren und sei in den vergangenen zehn Jahren in der Frankfurter Uni-Klinik auch nicht passiert. Mitarbeiter seines Hauses versuchten daraufhin, mit Hilfe der Aufnahmebücher zu klären, wo und wie die Verwechslung geschah. Üblich sei es, so Ditzel, daß in der Klinik jedes Kind gleich nach der Geburt ein Plastikband mit Namen und Geburtsdatum um das Handgelenk gebunden bekomme. Dies sei bei dem Säugling der 34jährigen aber offenbar versäumt worden. Das gleiche müsse wohl mit dem anderen Kind geschehen sein, gestand der Sprecher ein.

Nach ersten Ermittlungen der Klinik kämen für die Vertauschung etwa zehn Babys in Frage. Die Suche nach dem zweiten Baby kann laut Ditzel kompliziert werden, wenn die Eltern der in Frage kommenden Kinder eine Blutuntersuchung verweigern würden.

Der Fall sei ohnehin nicht einfach, weil die 34jährige Mutter das Kind verständlicherweise jetzt nicht mehr hergeben wolle, sagte Ditzel. „Sie hat sich nun schon so lange um das Kind gekümmert und sieht es als ihr leibliches an", berichtete der Sprecher der Klinik.

Presse und Sprache

Textmerkmale

Die „Sprechhandlungen" eines typischen Zeitungsartikels sind:
- Fakten berichten
- kommentieren
- zitieren

2. Markieren Sie mit verschiedenen Farben, wo in diesem Text etwas berichtet, kommentiert bzw. zitiert wird.
3. Untersuchen Sie die Zitate. Wo zitiert der Journalist direkt, wo indirekt?
4. Welche Aussagen des Sprechers der Klinik sind in direkter und welche in indirekter Rede?
   Warum wohl?

5. Gebräuchliche Formen der indirekten Rede (Wiederholung)

Die durchgestrichenen Formen des Konjunktiv I werden kaum gebraucht, weil sie mit dem Indikativ identisch sind oder veraltet klingen. Statt dessen werden die entsprechenden Konjunktiv II-Formen oder der Konditional benutzt. In der Umgangssprache wird überwiegend der Konditional (*würde* + Infinitiv) verwendet.

Vollverb

Indikativ	**Konjunktiv I**	**Konjunktiv II/Konditional**
ich fahre	~~ich fahre~~	ich führe / würde fahren
du fährst	~~du fahrest~~	du führest / würdest fahren
er fährt	er fahre	er führe / würde fahren
wir fahren	~~wir fahren~~	wir führen / würden fahren
ihr fahrt	~~ihr fahret~~	ihr führet / würdet fahren
sie fahren	~~sie fahren~~	sie führen / würden fahren

Hilfsverb *sein,* Hilfsverb *haben*

Indikativ		**Konjunktiv I**		**Konjunktiv II/Konditional**	
ich bin	habe	ich sei	~~habe~~	ich wäre	hätte
du bist	hast	du sei(e)st	habest	du wär(e)st	hättest
er ist	hat	er sei	habe	er wäre	hätte
wir sind	haben	wir seien	~~haben~~	wir wären	hätten
ihr seid	habt	ihr seiet	~~habet~~	ihr wäret	hättet
sie sind	haben	sie seien	~~haben~~	sie wären	hätten

Modalverben und das Verb *wissen*

Indikativ		**Konjunktiv I**		**Konjunktiv II/Konditional**	
ich kann	weiß	ich könne	wisse	ich könnte	wüßte
du kannst	weißt	~~du könnest~~	~~wissest~~	du könntest	wüßtest
er kann	weiß	er könne	wisse	er könnte	wüßte
wir können	wissen	~~wir können~~	~~wissen~~	wir könnten	wüßten
ihr könnt	wißt	~~ihr könnet~~	~~wisset~~	ihr könntet	wüßtet
sie können	wissen	~~sie können~~	~~wissen~~	sie könnten	wüßten

6. Schreiben Sie einen Leserbrief zu dem Zeitungsartikel „Zwei Babys in Klinik vertauscht".

So könnten Sie anfangen:

Den Artikel „Zwei Babys in Klinik vertauscht" in der Ausgabe vom 6. Juni habe ich mit Interesse gelesen:
Ich bin selbst …
oder: *Meine Nachbarin …*
oder: *Ich kann mir nicht vorstellen …*
oder: *Ich arbeite in einer Klinik …*
oder: *Es ist doch wirklich unerhört …*

Schließen Sie mit Name und Adresse.

7. Wie steht der Sprecher zu dem, was er zitiert?

a. Lesen Sie den Text über Boris Becker. Markieren Sie die Modi in der Redewiedergabe, und erklären Sie den unterschiedlichen Gebrauch.

Beckers Wut auf Kokain-Berichte: Jetzt stellt er Strafanzeige

München – Blickpunkt Boris Becker, ein Mann sieht rot. Der Tennisstar will heute gegen das Hamburger Abendblatt Strafanzeige wegen des Verdachts der üblen Nachrede und der Beleidigung erstatten. Die Zeitung letzte Woche: „Die teilweise böswilligen Gerüchte verstummen nicht mehr, die Beckers körperlichen Verfall auf einen übermäßigen Kokain-Konsum zurückführen" (AZ berichtete). Boris erwägt außerdem, Schadenersatz- und Schmerzensgeldansprüche geltend zu machen. Der renommierte Hamburger Anwalt Dr. Hajo Wandschneider vertritt seine Interessen. „Was zu weit geht, geht zu weit," sagte Becker der Welt am Sonntag.

Boris: „Man kann schreiben, daß ich die Vorhand nicht gut spiele, okay. Aber in jenem Artikel standen Dinge, die einfach gelogen waren: Ich hätte einen Hang zu Drogen, mein Trainer Tomas Smid sei ein Coach fürs Nachtleben, oder mein Arzt Dr. Müller-Wohlfarth wäre so etwas wie ein zwielichtiger Wunderheiler."

AZ 25. 5. 1992

b. Schreiben Sie zu jedem Satz einen passenden Dialog.

Beispiele:

○ *Kommt Werner heute nicht?*
● *Doch natürlich.* ***Er hat gesagt, er kommt.***

○ *Könnte ich mit Herrn Dr. Walter sprechen?*
● *Im Augenblick ist er leider nicht da.* ***Aber er hat gesagt, er komme gegen vier.***

○ *Wo ist denn Werner? Wollte der nicht kommen?*
● *Na ja, du kennst ihn ja.* ***Er hat zwar gesagt, er käme,*** *aber bei ihm weiß man das ja nie so genau.*

a) 1 Er hat gesagt, er hat keine Zeit.
2 Er hat gesagt, er habe keine Zeit.
3 Er hat gesagt, er hätte keine Zeit.

b) 1 Sie hat mir gesagt, sie findet das schön.
2 Sie hat mir gesagt, sie finde das schön.
3 Sie hat mir gesagt, sie würde das schön finden.

c) 1 Sie hat gesagt, sie wollte noch arbeiten.
2 Sie hat gesagt, sie habe noch arbeiten wollen.
3 Sie hat gesagt, sie hätte noch arbeiten wollen.

8. Überlegen Sie, in welchen Situationen man berichtet, was andere gesagt oder geschrieben haben (z. B. telefonische Mitteilung). Bereiten Sie solche Situationen vor, und spielen Sie sie.

9. Schreiben Sie unter einem Pseudonym kleine Mitteilungen an die anderen Kursteilnehmer. Die Zettel werden eingesammelt, gemischt und ausgeteilt. Jede/r berichtet.

Ausführliche Hinweise „Über das Zitieren“ finden Sie in Rug/Tomaszewski: Grammatik mit Sinn und Verstand, S. 147.

ZU 6.1 Diskussion: Normal

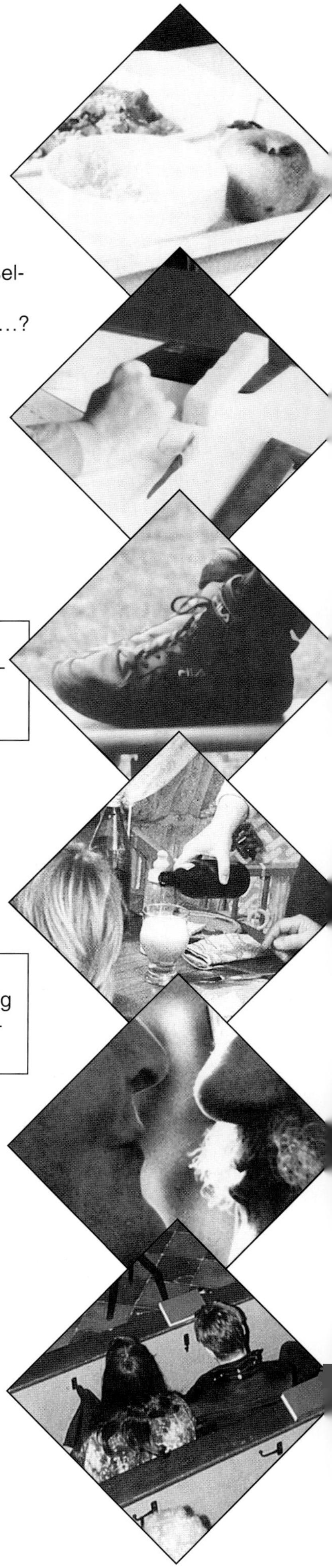

1. **Adjektive**

Welche Adjektive passen zu folgendem Verhalten:

a. Eine Kundin macht den Verkäufer darauf aufmerksam, daß er ihr zu viel Wechselgeld herausgegeben hat. Ist das:
☐ anständig ☐ blöd ☐ ehrlich ☐ üblich ☐ normal ☐ ...?

b. Eine junge Frau küßt ihre Freundin auf den Mund. Ist das:
☐ unanständig ☐ natürlich ☐ lesbisch ☐ normal ☐ ...?

Suchen Sie ähnliche Beispiele, und überlegen Sie, in welchem Kontext das beschriebene Verhalten als normal, in welchem als nicht normal gelten könnte. Im Kasten finden Sie weitere Adjektive, die dazu dienen können, das Verhalten von Leuten zu charakterisieren.

anständig – alltäglich – unangenehm – pervers – schamlos – unauffällig – ungewöhnlich – widerlich – ordentlich – höflich – achtbar – ehrlich – lesbisch – obszön – angepaßt – natürlich – kindisch – männlich – weibisch – sauber – üblich – unanständig – erfreulich – erstaunlich

2. **Verbergänzungen**

Verben und Ausdrücke, um zu beschreiben, wie Leute auf normales oder auf unnormales Verhalten reagieren:

beachten – übersehen – sich entrüsten – sich aufregen – meckern – akzeptieren – schimpfen – lachen – verspotten – spotten – mosern – sich lustig machen – die Nase rümpfen – auffallen – bemerken – abwehren – ablehnen – kritisieren – tolerieren

a. Sortieren Sie die Ausdrücke:

normales Verhalten	unnormales Verhalten
sie beachten es (nicht?)	*sie regen sich darüber auf*
sie akzeptieren es	*es fällt ihnen auf*
...	...

b. Was ist normal?

Normal ist (das), was niemandem auffällt
was niemand beachtet
worüber sich die Leute nicht aufregen
was alle akzeptieren
...

ZU 6.2 Vor dem Gesetz

Zum Text (Vertiefung):

1. Mit welchem juristischen Terminus wird die Gesamthandlung beschrieben?

2. Nach dem Gesetz nehmen folgende Personen und Gruppen an Gerichtsverhandlungen teil. Welche Funktionen haben sie?

   - Richter
   - Schöffen (auch: Geschworene)
   - Staatsanwalt
   - Sachverständige (auch: Gutachter)
   - Angeklagte
   - Verteidiger
   - Öffentlichkeit (Zuhörer, Journalisten)
   - Gerichtsdiener
   - Polizisten, Wachpersonal

3. Obwohl die Personen frei erfunden sind, kann man anhand dieser Satire ablesen, welche Kommunikationsstrategien vor Gericht typisch sind.
   a. Welche Funktion hat der Staatsanwalt, und wie versucht er argumentativ vorzugehen?
   b. Welche kommunikative Strategie verfolgt der Angeklagte?

4. Unterstreichen Sie alle Redemittel im Text, die signalisieren, daß jemand das Wort ergreifen oder abgeben will, z. B. Zeile 5: „Wie sehen Sie das, Angeklagter?" Überlegen Sie, ob man diese Formulierungen in jeder Gesprächssituation benutzen kann oder nicht. Wenn nicht, suchen Sie entsprechende Formulierungen, die in Alltagssituationen passen, z. B. Zeile 37: „Ist eine Zwischenfrage gestattet?" Diese Formulierung ist sehr formell. Weniger formell würde man sagen: „Darf ich mal was fragen?"

5. **Argumentieren: Korrelate**
   Um verschiedene (auch gegensätzliche) Gesichtspunkte in einem Satz „unterzubringen", benutzt man oft zusätzliche Adverbien (Korrelate), die die Gedankenverbindung deutlich machen.

   konzessiv: **zwar ... aber**
   einschließend: **nicht nur ... sondern auch**
   additiv: **sowohl ... als auch**
   ausschließend: **weder ... noch**
   alternativ: **entweder ... oder**
   „die zwei Seiten der Medaille": **einerseits ... andererseits**

6. Gesprächsstrategien: Redemittel zur Perspektivierung und Vergewisserung

Um bei einer Diskussion Mißstimmungen zu vermeiden, ist es oft wichtig, die eigene Meinung auch als Meinung zu kennzeichnen und nicht als Tatsache hinzustellen.
Dazu dienen Redemittel wie:

Meiner Meinung/Ansicht nach ...
In meinen Augen ...
Ich bin der Meinung, daß ...
Ich halte ... für ...
So wie ich das sehe, ...
...

Außerdem ist es wichtig, sich zu vergewissern, ob man den anderen richtig verstanden hat.
Zu diesem Zweck faßt man das Gesagte mit eigenen Worten zusammen:

Wenn ich Sie richtig verstehe, ...
Meinen Sie also, daß ...
Ihrer Ansicht nach ... also ...
Wollen Sie damit sagen, daß ...
Also ...

7. **Argumentieren, diskutieren**

Äußern Sie ein paar „persönliche Ansichten" über:
Ärzte – die medizinische Versorgung – Politiker – Fußball – Wohnungsbau – Unkraut – Karies – ...

Diskutieren Sie diese Ansichten, indem Sie den Satz des Vorredners möglichst genau wiederholen und dann Ihre eigene Meinung ablehnend oder verstärkend hinzufügen.

Beispiel:
○ *Meiner Meinung nach regnet es zu viel.*
● *Du sagst, es regnet zu viel, aber die Bauern freuen sich darüber.*
○ *Wenn sich auch die Bauern über den Regen freuen, ich möchte endlich mal wieder baden gehen können.*
● *Ich verstehe gut, daß du baden gehen möchtest, aber meiner Ansicht nach ist eine gute Ernte wichtiger.*
...

8. **Etwas zusammenfassen, eine Schlußfolgerung ziehen: *also***

Also ich finde, der Angeklagte hat recht.
Herr Dr. Dr., Sie meinen also, daß der Angeklagte völlig normal ist.
Die Hühner leiden, also müssen sie aus dem Käfig.

Welche (Gesprächs-)Situation setzt der Gebrauch von *also* in den folgenden Sätzen voraus?

Beispiel:
„Also, wenn ich jetzt nicht abhaue, komme ich hier nie weg."
Situation: Ich will gehen und habe mich schon dreimal verabschiedet und jedesmal fiel uns noch etwas ein, was wir unbedingt noch besprechen mußten. Aus diesem dreimaligen, vergeblichen Anlauf schließe ich:
***„Also,** wenn ich …"*

Lesen Sie die Sätze auch laut!

a) Also, ich glaube nicht, daß wir heute noch eine Lösung finden.
b) Du hast also mal wieder zu viel getrunken.
c) Du hast also nicht genug gelernt.
d) Also, wollt ihr euch trennen?
e) Also muß ich Deutsch lernen.
f) Ich werde ihm/ihr also in Zukunft kein Wort mehr glauben.
g) Also, sind wir fertig?

9. Ziehen Sie aus folgenden Informationen Ihre Schlüsse. Formulieren Sie mit *also.*

a) Stark phosphathaltige Waschmittel verursachen ein zu starkes Algenwachstum in den Gewässern, was den Sauerstoffgehalt reduziert.
b) Der saure Regen, der den Wäldern schadet, wird vor allem durch den hohen Anteil von Kohlenmonoxyd in den Abgasen der Autos verursacht.
c) Pro Kernkraftwerk rechnet man mit einem schweren Unfall auf 10 000 Betriebsjahre. Auf der Welt existieren etwa 300 Kernkraftwerke.
d) Mitraucher inhalieren etwa 25% der Schadstoffe, die ein Raucher in die Luft bläst.

denk-spiel
(nach descartes)

ich denke, also bin ich.
ich bin, also denke ich.
ich bin also, denke ich.
ich denke also: bin ich?

Timm Ulrichs

ZU 7.1 „HUND“

1. Was assoziieren Sie mit dem Begriff HUND?

a. Füllen Sie das Assoziationsblatt aus.
Seh-Wörter meint das, was **Sie** bei einem Hund sehen: z. B. treue Augen; Fühl-Wörter: z. B. warm; Hör-Wörter: z. B. heulen; Riech-Wörter: z. B. schnüffeln; Tu-Wörter: z. B. Leine umbinden; Abstraktions-Wörter: z. B. Kameradschaft, Angst.

Seh-Wörter:

Fühl-Wörter:

Hör-Wörter:

Riech-Wörter:

Tu-Wörter:

Abstraktions-Wörter:

b. Schreiben Sie eine Geschichte, die zu Ihrem Assoziationsblatt paßt. Setzen Sie sich in Gruppen zusammen, und erzählen Sie sich die Geschichten.

2. **Redewendungen**

Da liegt der Hund begraben.
Das ist ein dicker Hund.
Sie leben wie Hund und Katze.
Damit lockst du keinen Hund hinter dem Ofen vor.
bekannt sein wie ein bunter Hund
schlafende Hunde wecken
vor die Hunde gehen

a. Überlegen Sie: Was könnten diese Redewendungen bedeuten?
Prüfen Sie die Bedeutung in einem Wörterbuch nach.
Gibt es in Ihrer Sprache ähnliche Redensarten?
b. Erfinden Sie kleine Dialoge mit diesen Redensarten.

LERNBERATUNG: Wörterbücher

1. Was für Wörterbücher gibt es?
Welche Informationen geben Ihnen diese Wörterbücher?

2. Bearbeiten Sie in Kleingruppen dasselbe Wort mit jeweils einem verschiedenen Wörterbuch. Untersuchen Sie folgende Fragen:

   Was bedeuten die Abkürzungen?
   Wie ist Silbentrennung signalisiert?
   Gibt es Hinweise auf lange und kurze Tonvokale?
   Gibt es Hinweise auf Genus, Deklination und Pluralbildung?
   Gibt es Hinweise auf reflexive, transitive Verben? Auf Verbvalenz?
   Gibt es Hinweise auf Unregelmäßigkeiten?
   (Wie) werden Synonyme, Antonyme gekennzeichnet?
   Werden die verschiedenen Bedeutungen eines Wortes durch Beispiele (Kontexte) geklärt?
   (Wie) werden idiomatische Redewendungen, (wie) wird gesprochene Sprache oder Schriftsprache gekennzeichnet?
   Gibt es Hinweise auf Register bzw. Stilebenen?

3. Vergleichen Sie Ihre Arbeitsergebnisse, und diskutieren Sie, für welchen Zweck welches Wörterbuch am geeignetsten ist.

4. Wiederholen Sie diese Übung mit verschiedenen Wortklassen (Substantiv, Verb, Adjektiv, Adverb, Präposition, Konjunktion, Subjunktion).

ZU 7.2 Interview: Hermann

Transkription des Interviews:

○ Sag mal, du hast ja Hermann gar nicht mitgebracht.

● Doch, der ist gerade eben gekommen.

○ Ach, mit deinem Mann, ja?

● Ja, genau.

○ Sag mal, was ist denn Hermann für 'ne Rasse?

● 'n Airdale Terrier.

○ Aha. Und warum habt ihr euch diese Rasse ausgesucht?

● Na, die hat uns besonders gut gefallen und ist sehr familienlieb, und uns war auch sehr wichtig, daß, wenn wir mal 'n Kind bekommen, der Hund mit dem Kind auch gut auskommt, und nicht irgend so 'n Hund, der gleich auf alles losgeht, und ...

○ Also kein aggressiver Typ!

● Ja, genau.

○ Nimmt man die nicht auch als Polizeihunde?

● Ja, auch, aber die werden nicht so oft als Polizeihunde genommen, weil sie sehr teuer im Unterhalt sind.

○ Wieso?

● Weil die getrimmt werden müssen, regelmäßig, die haben keinen natürlichen Fellwechsel und müssen im Abstand von zehn Wochen getrimmt werden ...

○ Getrimmt?

● Das heißt, ja, das Fell wird dann ausgezupft.

○ Ausgezupft??

● Hört sich 'n bißchen brutal an ...

○ Ja, wirklich.

● ... ist es aber nicht. Also, die lassen sich das auch ganz ruhig gefallen. Und ich war am Anfang auch ziemlich skeptisch, aber hab dann festgestellt, daß das schon gut ist so.

○ Wie lange habt ihr Hermann schon?

● Seit einem Jahr.

○ Und warum habt ihr überhaupt 'n Hund genommen?

● Raymund wollte sehr gern 'n Hund haben, schon immer, und hat mich dann eigentlich dazu überredet, daß ich auch dann überzeugt war, daß 'n Hund was Gutes ist. Also, ich find Hunde auch toll, aber ich wollt nicht unbedingt 'n Hund wegen der Verantwortung. Und nun find ich's aber doch sehr schön und freu mich eigentlich darüber.

○ Ja, ist ja so 'n netter – man hat immer Gesellschaft, nicht, mit so 'nem Hund?

● Ja, genau. Und immer wenn man nach Hause kommt, freut sich jemand, und das ist schön.

○ Ja, aber das ist doch 'n ziemlich großer Hund, und ihr habt 'ne Wohnung. Ist das nicht etwas schwierig?

● Na, wir gehen regelmäßig mit ihm raus und auch viel spazieren, und dann sind wir auf 'm Hundeplatz, und da gehen wir auch mit ihm hin, und da kann er mit andern Hunden toben, und das macht ihm auch viel Spaß. Und deswegen hat er eigentlich genug Bewegung. Und jetzt wollen wir auch – jetzt ist er ja über 'n Jahr – und jetzt wollen wir mit ihm auch anfangen, daß wir mit dem Fahrrad mit ihm fahren und ihn halt nebenher laufen lassen, und so kommt er ja auch zu seinem Auslauf.

○ Ja, und dieser Hundeplatz, das ist – da kann jeder hin?

● Ja, da kann jeder hinkommen, der 'n Hund hat, oder auch ohne Hund kann man auch hinkommen, wenn man nur Vereinsleben haben will. Das ist natürlich nicht soo sinnvoll ...

○ Ach, das ist 'n Verein.

● Ja, das ist 'n Verein.

○ Ist das teuer?

● Zehn Mark im Monat.

○ Na, das ist ja billig.

● Ja.

○ Aber wie können die das dann finanzieren?

● Na, über 'ne Kantine, die da ist, und da werden Getränke ausgeschenkt, und Essen kann man da kaufen. Das sind zur Zeit noch nicht so viele Ausgaben, da der Platz zur Zeit noch umsonst ist. Das wird sich am Jahresende, wird sich herausstellen, ob wir den Platz überhaupt halten können, weil – dann wird 'ne Pacht eingeführt.

○ Ach so. Und dann wird wahrscheinlich die Mitgliedergebühr erhöht, nicht?

● Ja, voraussichtlich.

○ Und ihr laßt den Hund auch dressieren?

● Ja, nicht dressieren. Wir machen 'ne Ausbildung. Das mach ich aber selber, unter Anleitung von jemand, der sehr viel Erfahrung mit Hunden hat. Und der sagt mir, wie ich das machen soll, nimmt aber mir den Hund nie weg oder macht irgend was, sondern zeigt mir das so, in der Luft, und ich muß dann selber machen, also zusehen, daß ich ihm eben das beibringe, was er lernen soll.

○ Und was soll er da zum Beispiel lernen?

● Na: „Sitz!“ und „Platz!“ und „Fuß!“ und „Steh!“ und so 'ne ... Im November mach ich 'ne Begleithundprüfung.

○ Was ist das?

● Das ist praktisch 'ne Prüfung, daß man mit dem Hund auch in der Stadt durch die Gegend laufen kann, ohne daß er immer wegrennt, und daß er eben so die wichtigsten Sachen, die 'n Hund schon zum Zusammenleben können muß.

○ Ah ja. Das ist ja interessant.

ZU 7.4 Überschrift und Text

1. Welche Überschrift (siehe Textbuch, Seite 67) gehört zu welchem Text? Arbeiten Sie schnell! Markieren Sie die Stelle im Text, von der an Sie sicher sind, daß Sie die richtige Überschrift für diesen Text gefunden haben.

A

Für eine Wildsau hat „Luise" eine erstaunliche Karriere hinter sich. Knapp ein Jahr alt und 180 Pfund schwer, war sie in der „Heute"-Sendung des *ZDF* zu sehen, und ihr Name zierte Zeitungsseiten in Singapur, China und Neuseeland. Den Ruhm verdankt sie ihrem guten Riecher für Rauschgift. „Unter einem dampfenden Misthaufen hat sie zwei Beutel Kokain gefunden", berichtet ihr Ziehvater, der 58jährige Hauptkommissar und Leiter der Polizeihundestaffel im niedersächsischen Hildesheim, Werner Franke.

Ein Schwein im Dienst der Polizei? Das dürfe nicht sein, hat das niedersächsische Innenministerium jetzt entschieden. Die Beschäftigung eines Schweines sei weder im Besoldungsrecht noch in der Dienstordnung der Polizei vorgesehen.

Luise muß weg? Werner Franke, seit 41 Jahren bei der Polizei, kann seine Vorgesetzten nicht mehr verstehen: „Noch nie hat jemand aus dem Ministerium Luise bei der Arbeit zugeguckt."

Franke hatte das Borstenvieh als Frischling zu sich genommen und täglich drei Stunden mit dem Tier trainiert. „Ich wollte das einfach mal ausprobieren. Luise war zwar mein Hobby. Aber ich bin schon davon ausgegangen, daß sie bei Erfolg in die Dienste der Polizei treten kann", erklärt er.

Als er im März Luise erstmals vorführte, da war sie schon nicht mehr zu schlagen. Egal, ob es um Haschisch in einem Versteck unter der Erde oder um in Folien verschweißtes Heroin in einer Kiste ging – das Suchschwein fand einfach alles.

„Schweine haben ihren Rüssel ja ständig am Boden", erklärt Franke den Erfolg. Er schlug einen Wettbewerb zwischen Spürhunden und Luise vor. Der Besoldung des Schweines mit monatlich 110 Mark, wie bei Polizeihunden üblich, schien nichts mehr im Wege zu stehen.

Das Innenministerium hat indes für ein Dienstschwein nichts übrig. Bis zum 16. August müsse die Such-Sau verschwunden sein, schrieb das Ministerium Ende vergangener Woche in einer Dienstanweisung. Franke dürfe sich nicht mehr in Polizeiuniform neben Luise ablichten lassen. „Für Herrn Franke ist das sicherlich hart", sagte der Pressesprecher des Innenministeriums in Hannover. „Aber nach unserer Auffassung reichen Hunde für die Rauschgiftfahndung aus. Und ein Schwein ist eben kein Hund." DIE ZEIT

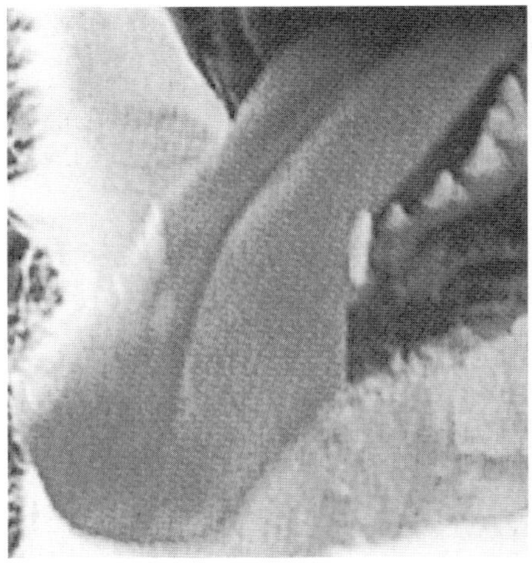

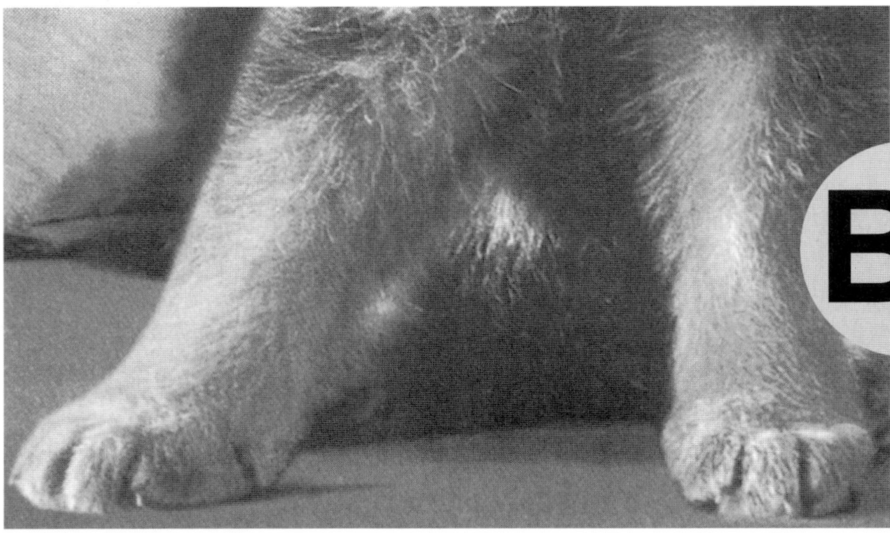

B

BERLIN – Kampfhunde dürfen in Berlin nicht mehr gezüchtet werden, beschloß der Senat in seiner gestrigen Sitzung. Die Besitzer müssen künftig eine Erlaubnis für ihren Hund nachweisen. Dieser „Hundeführerschein" wird von Amtstierärzten ausgestellt. Rund 1000 Kampfhunde gibt es nach Schätzungen von Gesundheitssenator Peter Luther in Berlin. Außerdem wird auf öffentlichen Flächen ein Leinen- und Maulkorbzwang eingeführt. Eine entsprechende Verordnung wird nun in der Gesundheitsverwaltung ausgearbeitet. Vor der Zustimmung des Parlaments will der Senat noch Gespräche mit Züchtern und der Tierärztekammer führen. Berliner Zeitung

DORTMUND – Ohne es zu wollen, hat ein Rentner mit seinem Dackel am Wochenende in Dortmund einen von der Polizei gesuchten Drogenhändler gefangen. Das Tier hatte in einem Park plötzlich bellend vor einem Gebüsch haltgemacht und war nicht zum Weiterlaufen zu bewegen. Als es hinter dem Strauch knisterte, rief der Rentner kühn: „Rauskommen!“ Daraufhin ergab sich ein junger Mann mit erhobenen Händen. Daß er nur vor einem Dackel und nicht vor einem Polizeihund kapituliert hatte, bemerkte er zu spät. Denn inzwischen war eine Polizeistreife eingetroffen, die den Verdächtigen gesucht hatte.

DIE WELT

C

BONN – Gartentore, so wissen die Experten der Bundespost, sind gefährlich: Hinter ihnen lauern oftmals bissige Hunde, die der Briefträger erst bemerkt, wenn sie schon zugefaßt haben. 1277 Beschäftigte von Postdienst und Telekom kamen im ersten Halbjahr 1991 durch Hundezähne zu Schaden. Die große Mehrheit mit 1223 Opfern kam von der „gelben“ Post, waren also Brief- oder Paketboten. 280 von ihnen wurden, wie ein Sprecher des Postdienstes gestern in Bonn mitteilte, so schwer verletzt, daß sie länger als drei Tage lang krank waren. Insgesamt 12,5 Millionen Mark Schaden entstand der Bundespost für das Jahr 1990 durch Hundebisse, die neun Prozent aller Dienst- und Arbeitsunfälle ausmachten und 14000 Ausfalltage verursachten.

Bremer Nachrichten

D

E

FRANKFURT – Allein 85 Prozent aller schweren Hundebißverletzungen ereignen sich in der Wohnung von Hundehaltern. Opfer sind in erster Linie Personen, die der Hund gut kennt, oft sogar der Hundebesitzer selbst. Eine Fragebogenaktion ergab folgende Einzelheiten: Kinder unter 15 Jahren machten 54 Prozent der Bißopfer aus. Bei 86 Prozent der Fälle handelte es sich um eine Verletzung im Gesichts- oder Kopfbereich.

Erwachsene wurden überwiegend zu Hause vom eigenen Hund gebissen, Kinder dagegen erlitten die meisten Bißverletzungen im Haus von Verwandten, Nachbarn oder Freunden – und zwar typischerweise während der Begrüßung. Für 50 Prozent der Kinder kam die Attacke völlig überraschend.

Allerdings gibt es bestimmte Situationen, die Hunde zur Überreaktion provozieren und unbedingt zu vermeiden sind. Dazu gehört das plötzliche Zugehen auf einen ruhig daliegenden Hund, speziell kurz nach Betreten „seines“ Territoriums. Auch sollte man einen Hund weder ärgern noch gewaltsam wecken und auch nicht so lange mit ihm spielen, bis er völlig überdreht ist.

Zu den bissigsten Hunden zählen Bullterrier und Mischlinge. Rüden scheinen sehr viel beiß- und angriffslustiger zu sein als Hündinnen.

Die Gründe, warum Hunde aggressiv werden, lassen sich kurz auf diesen gemeinsamen Nenner bringen: aufgewachsen in Massenzucht, falsche Erziehung, keine Bindung an den Menschen mit klarer Rangordnung.

Bremer Nachrichten

2. Wählen Sie einen Text aus, und resümieren Sie ihn in maximal vier Sätzen.

3. Ergänzen Sie die Begriffe aus 7.2.5 im Textbuch um Begriffe aus diesen Texten.

LERNBERATUNG: Lesen

Aus Ihrer muttersprachlichen Leseerfahrung wissen Sie sicher, daß man nicht jeden Text gleich intensiv liest. Manche Texte überfliegt man nur, um ungefähr zu wissen, wo was steht: das nennen wir orientierendes Lesen. Viele Texte liest man ziemlich schnell, ohne auf Details zu achten, man will nur die Hauptinformationen, den roten Faden der Geschichte, wissen: das ist das globale Lesen. Bei anderen Texten interessieren einen nur bestimmte Informationen, den Rest liest man gar nicht. Das nennen wir selektives Lesen. Und dann gibt es Texte, bei denen es auf jedes Wort ankommt: genaues (detailliertes) Lesen. Diese verschiedenen Arten zu lesen nennt man Lesestile.

1. Diskutieren Sie in Kleingruppen:
   Welcher Lesestil paßt am besten zu welcher Sorte Text?
   Wovon hängt der Lesestil hauptsächlich ab?
2. Sie haben die Texte von Aufgabe 7.4 in verschiedenen Durchgängen mit verschiedenen Aufgabenstellungen bearbeitet.
   Was für einen Lesestil erforderte Aufgabe 1?
   Wie haben Sie gelesen, um Aufgabe 2 zu lösen?
   Wie muß man für Aufgabe 3 lesen?
3. Bearbeiten Sie in Gruppen jeweils eine Aufgabe und begründen Sie Ihre Lösung.
   a. In welcher Situation würden Sie den Text: „Hunde beißen am häufigsten ihre Herrchen" genau lesen?
   b. Welcher Text eignet sich am besten für globales Lesen?
   c. Welchen Text liest man entweder ziemlich genau oder gar nicht?
   d. Wie liest der Besitzer eines Kampfhundes den Text: Kampfhunde müssen nun an die Leine?
   e. Warum sollte die Polizei (ein) Schwein haben? Was für ein Lesestil ergibt sich aus dieser Frage?

Die Art und Weise, wie wir einen Text lesen, ergibt sich also hauptsächlich aus unserem Leseinteresse, aus den Fragen, die wir an einen Text haben und von denen wir hoffen, daß der Text sie beantworten kann. Mehr von einem Text zu lesen ist unnötig und langweilig. Bevor Sie einen Text lesen, überlegen Sie also: Wozu lese ich den Text? Was will ich von dem Text wissen? Und suchen Sie dann die Antworten auf Ihre Fragen in dem Text. Ein Beispiel für dieses Verfahren finden Sie im Arbeitsbuch, Aufgabe 5.6.1.

Bei den meisten Lesetexten in SICHTWECHSEL werden Sie mit verschiedenen Aufgabenstellungen durch die Texte geleitet. Überlegen Sie jeweils, welchen Zweck eine bestimmte Aufgabe hat, d. h. wie das Leseinteresse und der Lesestil durch die Aufgabe gelenkt werden.

ZU 8.1 Was bedeutet „WOHNEN"?

1. Aus was für Räumen besteht eine typische Wohnung bei Ihnen?
   Was wird in den Räumen gemacht?
   Mit welchen Gegenständen werden die einzelnen Räume eingerichtet und geschmückt?
   Zu welchen Gelegenheiten kommen Verwandte, Freunde oder Fremde ins Haus?
   Wozu benutzen Sie persönlich die einzelnen Räume und Gegenstände in Ihrer Wohnung?

2. Stellen Sie sich vor:
   Im Sommer tauschen Sie Ihre Wohnung mit einer Ihnen fremden Familie aus einem fremden Land.
   a. Erklären Sie der Familie in einem Brief alles, was unbedingt beachtet werden muß (abschließen, Sicherungen, Müll, Kontakt mit Nachbarn ...).
   b. Fragen Sie die fremde Familie, was Sie alles beachten müssen (z. B.: Kann man das Leitungswasser trinken ? ...)

3. **Rundspiel: Wortschatz** S

   Setzen Sie sich im Kreis, und nehmen Sie einen Gegenstand, den man gut werfen und fangen kann. Wer ihn zugeworfen bekommt, muß schnell einen Begriff nennen, der mit „WOHNEN" zu tun hat. Wiederholungen sind nicht erlaubt.

4. **Zwecke, Ziele, Absichten: Finalangaben**

Konnektor	Beispielsätze	Wortklasse
um ... zu	Vorhänge braucht man, um sich vor der Sonne zu schützen.	*Subjunktion + Infinitiv*
	Abends macht man die Vorhänge zu, damit die Nachbarn nicht reingucken.	
	Zum Schlafen nehme ich am liebsten eine Daunendecke.	
	Für einen gesunden Schlaf empfehlen die Fachleute Rheumadecken aus Wolle.	
	Was könnte ich denn machen, um die Flecken rauszubringen? Dazu/Dafür nehmen Sie am besten Kernseife.	

Tragen Sie in die linke Spalte das Bindewort (den Konnektor) ein und in die rechte Spalte die Wortklasse (Konjunktion, Subjunktion, Präposition, Adverbialpronomen?). Lövo

5. Wozu können die Dinge dienen, die Sie im Rundspiel genannt haben?

   Beispiele:
   Das Bett dient zum Schlafen und um Sachen abzulegen.
   Ich sitze gern in der Sonne. Dafür gehe ich auf den Balkon.

6. Erzählen Sie, was Sie gern zu Hause machen würden, aber nicht können oder dürfen.

ZU 8.2 Mein Glück

1. Der letzte Satz des Gedichtes von Max Kruse lautet:
   – denn ich bin ja nicht zu Haus!

2. **Geräusche**

kreischen	Kinder
	Wasser
grölen	Radio
	Lokomotive
	Herz
toben	der Wind im Wald
	der Sturm
dröhnen	die Fußballfans
	der Motor
rauschen	an die Tür
	der Puls
pfeifen	auf die Finger
	der Donner
klopfen	die Bremsen
	Steine

Was paßt wozu?

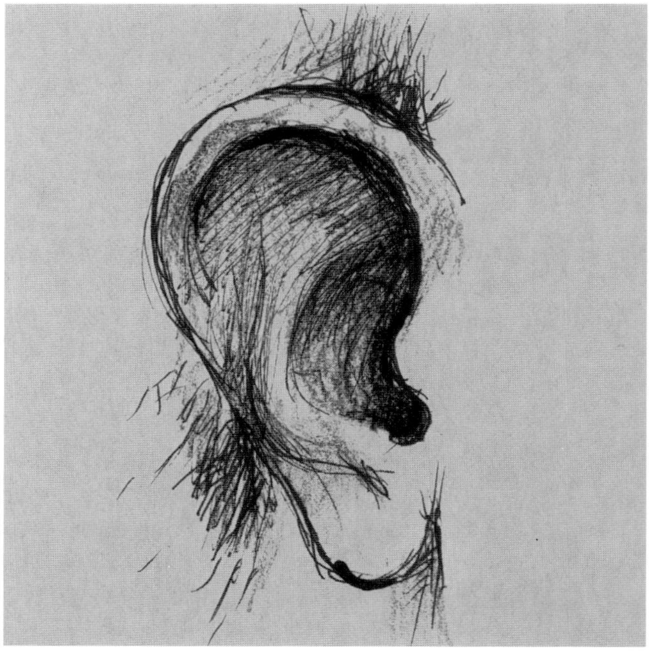

Lövo

3. Mit gezielten Verstößen gegen Kontextregeln kann man mit wenigen Worten viel Wirkung erzielen: ein literarischer Kniff!
   Analysieren Sie die Wirkung und Bedeutung der Kontextverstöße, und suchen Sie weitere Beispiele.

Kontextkonform	Kontextverstoß
der Hahn kräht	Das Kind kräht vor Freude.
die Ziege meckert	Die Frau meckert ihren Mann an.
die Frau flüstert	Der Wind flüstert mir viele Geheimnisse zu.
Wasser plätschert	Das Gespräch plätschert vor sich hin.
Geschirr schäppert	Seine schäppernde Stimme hörte ich schon von weitem.

4. Schreiben Sie ein Gedicht wie Max Kruse:

   Am Strand
   Im Büro
   In der Stadt
   Im Unterricht
   ...

ZU 8.3 Zukünftiges/Vermutungen

1. Zukünftiges

Zukünftiges wird im Deutschen mit dem Präsens oder dem Futur I (*werden* + Infinitiv) ausgedrückt.

a. Rein temporale Zukunft, Tatsachen
Präsens + Temporalangaben, selten Futur I:
Er **kommt morgen** zurück.
(Er wird morgen zurückkommen.)

b. Erwartungen, Vorhersagen, Prophezeiung
Futur I:
Die Wohnformen **werden sich verändern.**

c. Vorsätze, Versprechungen
Futur I (+ eventuell Adverb: *sicher, bestimmt*):
Nächstes Jahr **werde ich** das Rauchen **aufgeben.**
Ich werde **bestimmt** da sein.

Analysieren Sie die folgenden Sätze, und übersetzen Sie sie in Ihre eigene Sprache. Welche grammatische Zeit wird in Ihrer Sprache verwendet?

a) Nächstes Jahr bauen wir um. Die Bibliothek wird wohl schließen müssen.
b) Die Bibliothek ist vom 25. 7. – 1. 9. geschlossen.
c) Dieses Jahr werde ich mehr für die Schule arbeiten.
d) Die Prüfung ist am 25. Juni.
e) Wenn die Umgehungsstraße erst mal fertig ist, werden wir es in der Stadt hoffentlich ruhiger haben.
f) ○ Fährst du mit dem Auto nach Berlin?
   ● Nein, ich nehme den Zug, das ist bequemer.
g) Beeil dich doch! Sonst kommen wir noch zu spät.
h) Morgen schreibe ich mich für einen Sprachkurs ein.
i) Wenn du so weitermachst, ...

2. **Vermutungen**

a. Vermutungen (bezogen auf die Gegenwart oder die Zukunft)
Präsens oder Futur I (+ Adverb: *wohl, vielleicht, vermutlich, wahrscheinlich)*:
In 20 Jahren **wird wohl** der Privatverkehr **verboten sein.**

b. Vermutungen können sich auch auf die Vergangenheit beziehen.
Dann verwendet man eine Vergangenheitsform + Adverb oder das Futur II (*werden* + Infinitiv Perfekt):
○ Monika ist ja gar nicht gekommen.
● Die hat es **bestimmt** vergessen.
○ Die **wird** keine Lust **gehabt haben.**

Formulieren Sie eigene Hypothesen/Vermutungen über das Wohnen, Leben, Essen, den Verkehr in 20 Jahren, in 100 Jahren.

3. **Was ist hier los? Was ist hier wohl passiert?**

a) Sie kommen wie immer ins Sprachinstitut, aber es ist geschlossen.
b) Sie warten seit einer halben Stunde auf die U-Bahn, aber sie kommt nicht.
c) Sie machen das Autoradio an und hören gerade den Schluß der Meldung: … daher wird die Hauptstraße bis 23 Uhr gesperrt.
d) Sie sehen im 3. Stock eines Hauses vier Beine aus dem Fenster ragen.
e) Ein Menschenauflauf. Sie gehen hin und sehen einen Mann, der Hundert-Mark-Scheine verschenkt.
f) Sie sehen auf der Straße einen Polizisten, der rennt. Eine Frau rennt hinter ihm her.

4. **Was ist da wohl passiert?**
Wie wird es weitergehen?

1

ZU 8.4 Interview: Wohnen

Transkription des Interviews:

○ Nicoline, seit wann wohnst du nicht mehr zu Haus?

● Oh, da muß ich jetzt rechnen. Seit sechs Jahren schon, knapp sechs Jahre, fünfdreiviertel sind es, glaub ich, oder fünfeinhalb.

○ Und warum bist du ausgezogen?

● Hm. Also, sagen wir mal so. In Deutschland ist es üblich, wenn die Eltern sich das leisten können, daß die Kinder irgendwie ihre Eigenständigkeit so früh wie möglich wahrnehmen und ausziehen. Und ich hatte halt das Glück, daß meine Eltern finanzstark sind, und auch meine Mutter das sehr unterstützt hat, weil sie's halt gut findet, wenn ich so mein eigenes Leben führe und selbst für mich und meine Wohnung verantwortlich bin, so daß sie mir das ermöglicht haben.

○ Wohnst du jetzt allein?

● Nee, ich wohn mit 'ner Freundin zusammen, die ich schon aus der Schule kenne.

○ Hm. Habt ihr so 'ne Art Wohngemeinschaft?

● Ja, Wohngemeinschaft kann man's nennen. Also, wir sehen zu, daß es nicht zu eng ist, der Kontakt, weil jede von uns ganz gern auch ihre Ruhe hat und sich mal zurückzieht, und haben auch zum Beispiel Sachen wie, ja, Essen getrennt ...

○ Ah ja?

● Ja. Ein Kühlschrank, aber jeder kauft für sich ein, weil wir ganz andere Konsumgewohnheiten haben.

○ Hm. Und würdest du lieber ganz allein wohnen?

● Ja, würde ich schon. Ist mir allerdings auch erst aufgefallen, nachdem ich mit der Freundin zusammengezogen bin. Es ist zwar nicht so, daß wir nicht miteinander auskommen, aber ich merk ganz stark, wenn sie verreist ist, wie ich das genieße, die ganze Wohnung für mich zu haben, daß ich mich ganz anders in der Wohnung bewege, daß ich mich viel freier da fühle.

○ Die Wohnung ist aber doch recht groß, nicht?

● Ja, die ist schon groß. Also, wir haben drei Zimmer, wovon dann jeder ein eigenes hat, und eins nutzen wir gemeinschaftlich. Aber es geht einfach auch darum, daß ich meinen Krempel natürlich nicht überall liegenlasse, wenn meine Freundin da ist. Und auch, daß ich mich mit meinem Freund wohler fühle, wenn meine Freundin nicht dabei ist, natürlich.

○ Na ja, klar. Aber ihr habt da jeder ein Zimmer und noch 'n Gemeinschaftsraum, oder so, nicht?

● Ja, das ist schon recht luxuriös, also das ist auch nicht unbedingt üblich.

○ Sag mal, das ist 'n Mietshaus. Habt ihr da Kontakt zu den Nachbarn?

● Hm, nee, nicht besonders viel. Also es ging mir sogar schon so, daß, wenn meine Tür zugeknallt war, ich eigentlich keine Lust hatte, bei den Nachbarn zu klingeln, um mir 'n Schraubenzieher zu leihen, sondern daß ich dann lieber zu meinem Freund gefahren bin, der 'n Ersatzschlüssel hat.

○ Also ist das jetzt ein nicht existierender Kontakt oder schlechte Nachbarschaft?

● Hm. Also schlechte Nachbarschaft kann man so direkt auch nicht sagen. Seit einiger Zeit wohnt 'ne Familie mit 'nem vierzehnjährigen Sohn da, das würde ich schon als schlecht bezeichnen, weil der uns jede Menge Streiche spielt ...

○ Wieso?

● ... und 'n bißchen nervt. Ach, irgendwann war'n am Briefkasten die Namensschilder alle ausgetauscht, oder aus den Fahrrädern die Ventile rausgeschraubt und, na ja, muß man mit leben.

○ Was Vierzehnjährige halt so machen, nicht?

● Genau.

○ Die ist nicht direkt im Zentrum, die Wohnung, nicht?

● Hm. Nee. Zwar in der Mitte von Berlin, aber es ist ein sehr ruhiger Stadtteil, sehr grün, viel Wald. Oder Mitte vom ehemaligen Westberlin, muß ich genauer sagen.

○ Ja ja. Würdest du lieber so'n bißchen mehr mittendrin wohnen, wo mehr los ist, oder so?

● Ist auch schwierig, so zu beantworten. Also ich geh schon gerne weg, und klar fänd ich das nett, wenn direkt an der Ecke 'n Café wär, was in dem Stadtteil leider irgendwie überhaupt nicht zu finden ist. Da muß ich immer mit der U-Bahn fahren, aber andererseits genieße ich's gerade jetzt, so nach dem Mauerfall auch, daß es 'n bißchen ruhiger ist, daß es grüner ist, die Luft besser ist, nicht ganz so hektisch wie in der Innenstadt.

○ Und man wird auch älter ...

● Na jaaa ... ich bin noch mobil!

ZU 8.5 Kinderzimmer

Anruf einer Hörerin in einer Sendung des Hessischen Rundfunks.

Ja, guten Tag, hier ist Müller, Ischertsheim. Ich hab auch in punkto mit dem Kinderzimmer ... ich bin also 'ne Oma mit sechs Enkel, wohn allerdings nicht bei den Kindern, aber ich ... komm sehr viel hin, und hier werden immer große Kinderzimmer verlangt: Ich finde, das Kinderzimmer kann gar nit klein genug sein, aber das Wohnzimmer, das sollte endlich mal als das benutzt werden, was es heißt, und nicht Riesensessel und Couchtisch und alles mögliche, wo kein Kind auch nur in die Nähe kommen darf ... Und es is doch so, daß die Kinder eh zur Mutter ziehen. Die kommen an mit ihren Spielsachen und breiten die aus; sie wollen dabei sein, sie wollen's der Mutter zeigen ... Da ... sind's dann im Kinderzimmer ... da heißt's „Mutti, Mutti" – „Ach, schon wieder!" usw., anstatt man den Kindern das Wohnzimmer mit zur Verfügung stellt, wo die Eltern drin sind bzw. auch wenn die Oma kommt. Man will ja gar nicht isoliert sein. Die Kinder wer'n viel zu viel isoliert! Das möcht ich dazu sagen.

1. Lesen Sie bitte noch einmal, was Frau Müller im Radio zum Thema „Kinderzimmer" sagt.
   Analysieren Sie: Wann sagt sie „ich", wann sagt sie „man"? Wann benutzt sie das Passiv? Versuchen Sie, eine Regel für den Gebrauch von „man" und „Passiv" zu formulieren.
   (Vergleichen Sie auch mit den Aufgaben zu „man" unter 2.6 im Arbeitsbuch, Seite 107.)

Lövo

2. Wer ist „man" in den folgenden Sätzen?
   a) Man sollte den Kindern das Wohnzimmer mit zur Verfügung stellen.
   b) Man will ja gar nicht isoliert sein.
   c) Man will einerseits ungestört seinen Hobbys nachgehen können und andererseits die Bedürfnisse nach mitmenschlichen Kontakten befriedigen.
   d) Im Kommunikationsraum sitzt man zum Plausch und feiert seine Feste.

3. **In Deutschland … und bei uns!**

   Beispiel:
   Wenn man in Deutschland zum erstenmal in eine Familie eingeladen wird, wird man wahrscheinlich zum Kaffeetrinken („Kaffee und Kuchen") eingeladen werden. Abends wird man manchmal nur zu einem Glas Wein eingeladen, und dazu gibt es dann ein bißchen Salzgebäck. Bei einer Einladung zum Essen bringt man am besten einen Blumenstrauß mit.

   a) Bei einer Beerdigung trägt man schwarze Kleidung. Oft wird man hinterher zu einem kleinen Essen gebeten.
   b) Bei einer Hochzeit …
   c) Bei einer Polizeikontrolle …
   d) Bei einem Verkehrsunfall …
   e) Im Restaurant …
   f) Wenn man jemandem vorgestellt wird, …
   …

   Erzählen Sie Deutschen, was man in diesen und anderen Situationen in Ihrem Land erwarten kann und wie man sich dann richtig verhält.

4. Vergleichen Sie die folgenden Satzpaare. Was wird jeweils ausgedrückt?

   a) 1 Warum wird im Museum immer so leise gesprochen?
      2 Mit vollem Mund spricht man nicht!
   b) 1 Jetzt wird aber geschlafen!
      2 Am besten schläft man auf dem Boden.
   c) 1 Als wir ankamen, wurden wir sehr herzlich begrüßt.
      2 In Deutschland begrüßt man die Leute mit Handschlag.
   d) 1 Wenn man zum Abendessen eingeladen ist, bringt man Blumen mit.
      2 Von Holland aus werden die Blumen mit dem Flugzeug in die ganze Welt gebracht.
   e) 1 In Deutschland ißt man zwischen zwölf und vierzehn Uhr zu Mittag.
      2 Bei uns wird aber erst um fünfzehn Uhr gegessen.

5. Entwerfen Sie in Kleingruppen Übungen zum Passiv für die anderen Kursteilnehmer.

Lövo

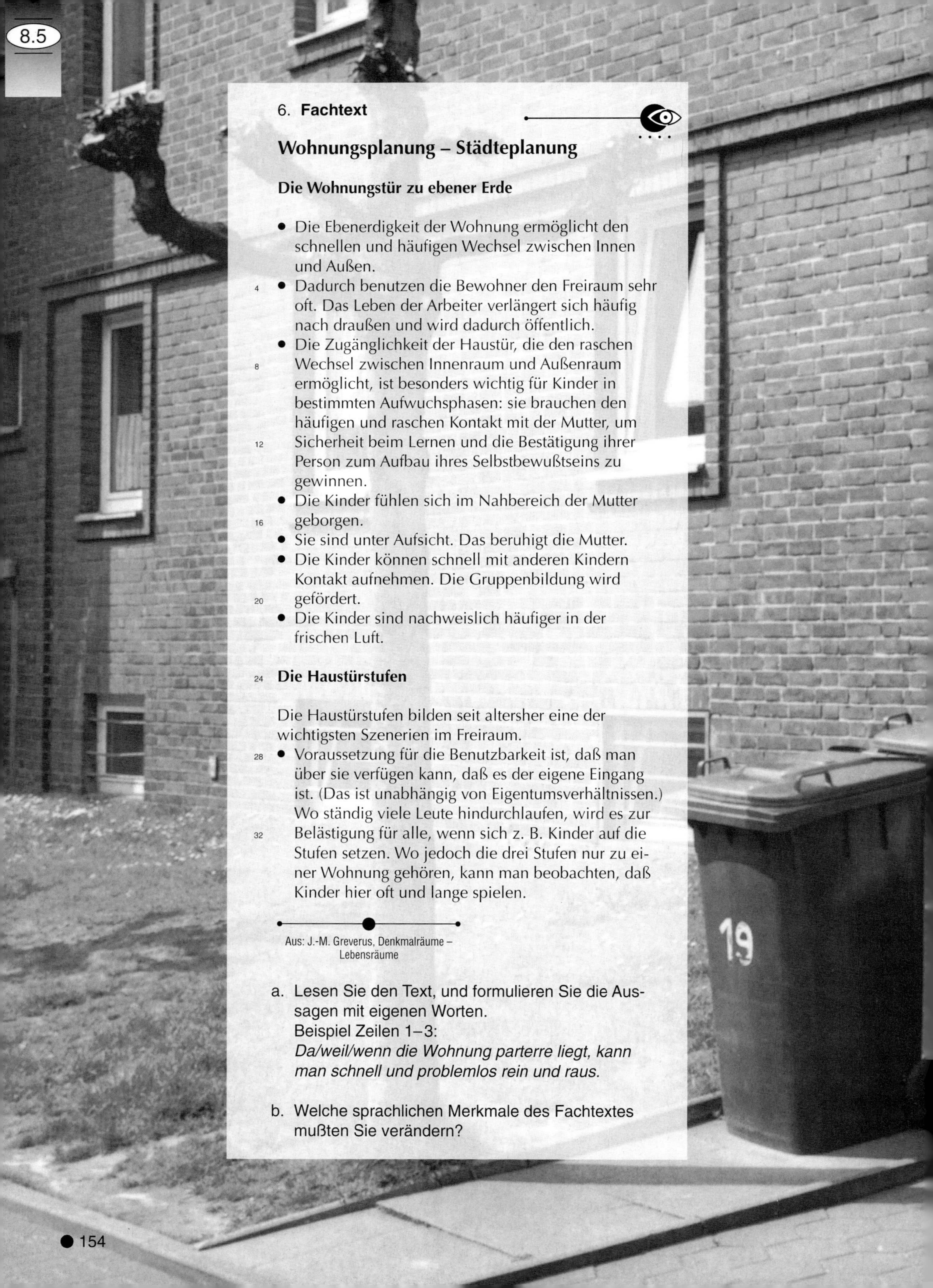

6. **Fachtext**

Wohnungsplanung – Städteplanung

Die Wohnungstür zu ebener Erde

- Die Ebenerdigkeit der Wohnung ermöglicht den schnellen und häufigen Wechsel zwischen Innen und Außen.
- Dadurch benutzen die Bewohner den Freiraum sehr oft. Das Leben der Arbeiter verlängert sich häufig nach draußen und wird dadurch öffentlich.
- Die Zugänglichkeit der Haustür, die den raschen Wechsel zwischen Innenraum und Außenraum ermöglicht, ist besonders wichtig für Kinder in bestimmten Aufwuchsphasen: sie brauchen den häufigen und raschen Kontakt mit der Mutter, um Sicherheit beim Lernen und die Bestätigung ihrer Person zum Aufbau ihres Selbstbewußtseins zu gewinnen.
- Die Kinder fühlen sich im Nahbereich der Mutter geborgen.
- Sie sind unter Aufsicht. Das beruhigt die Mutter.
- Die Kinder können schnell mit anderen Kindern Kontakt aufnehmen. Die Gruppenbildung wird gefördert.
- Die Kinder sind nachweislich häufiger in der frischen Luft.

Die Haustürstufen

Die Haustürstufen bilden seit altersher eine der wichtigsten Szenerien im Freiraum.

- Voraussetzung für die Benutzbarkeit ist, daß man über sie verfügen kann, daß es der eigene Eingang ist. (Das ist unabhängig von Eigentumsverhältnissen.) Wo ständig viele Leute hindurchlaufen, wird es zur Belästigung für alle, wenn sich z. B. Kinder auf die Stufen setzen. Wo jedoch die drei Stufen nur zu einer Wohnung gehören, kann man beobachten, daß Kinder hier oft und lange spielen.

Aus: J.-M. Greverus, Denkmalräume – Lebensräume

a. Lesen Sie den Text, und formulieren Sie die Aussagen mit eigenen Worten.
Beispiel Zeilen 1–3:
Da/weil/wenn die Wohnung parterre liegt, kann man schnell und problemlos rein und raus.

b. Welche sprachlichen Merkmale des Fachtextes mußten Sie verändern?

17

ZU 8.6 Diskussion

Autor und Titel des Textes:
Kurt Tucholsky: Die Leibesfrucht spricht (1931)

ZU 9.1 Etwas/Jemanden näher bestimmen: Relativsätze (Wiederholung)

1. Ergänzen Sie:

Ich will von einem alten Mann erzählen,

__________ kein Wort mehr sagt.

__________ schlecht zu beschreiben ist,

__________ die Hemdkragen viel zu weit sind,

__________ Haut trocken und runzelig ist,

__________ Zimmer sich nicht ändert,

__________ die Nachbarn nicht mehr reden.

__________ die Leute nicht mehr verstehen,

__________ sich niemand erinnern wird.

Das war in einer Zeit, __________ die Kinder wie Erwachsene angezogen waren. Der Tag, __________ sich alles ändern sollte, war sonnig, aber nicht zu heiß. Dem Wecker, __________ Ticken ihn störte, sagte er Fotoalbum. Die Nachbarn, __________ sein Krach zu laut wurde, klopften an die Wand. Der Mann tat etwas, __________ seine Situation nur noch schlimmer machte. Der alte Mann konnte die Leute nicht mehr verstehen, __________ nicht so schlimm war.

2. Bilden Sie Relativsätze:

Beispiele:
Der alte Mann liest Zeitung.
Der alte Mann, der eben noch von einem Blindenhund geführt wurde, liest Zeitung.
Ich heiße Gottlieb.
Ich, der ich überhaupt nicht religiös bin, heiße Gottlieb.

a) Das Auto ist auf dem Schrotthaufen.
b) Asylbewerber werden abgewiesen.
c) Ich liebe Katzen.
d) Der Film war aufregend.
e) Menschen werden aggressiv.
f) Herr Baumann geht jeden Sonntag in die Kirche.
g) Frau Baumann hat einen Hausfreund.
h) Hunde beißen nicht.
i) Meine Uhr geht rückwärts.
j) Karins Fahrrad hat einen Platten.
k) Ich habe kein rechtes Verhältnis zu … , denen ....
mit denen …
für die ....
aus denen …
deren ....
zu dem ......
dessen ......

3. **Was ist das?**

Rätsel 1:

1. Ein Ort, der immer schöner wird, je älter man wird.
2. Ein Ort, in dem alles kleiner ist, wenn man dahin zurückkommt.
3. Ein Ort, von dem man oft träumt.
4. Ein Ort, in dem manches ganz deutlich zu sehen ist, und anderes verschwommen.
5. Ein Ort, an den man nie zurückkehrt.
6. Ein Ort, den auch Blinde sehen können.
7. Ein Ort, ohne den wir nicht wir wären.

Rätsel 2:

1. Etwas, was man nicht anfassen kann, aber was man durch Berührung spürt.
2. Etwas, was man nicht kaufen kann, aber wofür viele Leute Geld bezahlen.
3. Etwas, woran man sterben kann, obwohl man es zum Leben braucht.
4. Etwas, womit geworben wird.
5. Etwas, wozu man niemanden zwingen kann.
6. Etwas, woran man sich gern erinnert, auch wenn man darunter gelitten hat.
7. Etwas, was jedesmal neu ist, obwohl es immer dasselbe ist.
8. Etwas, wonach sich jeder sehnt, wenn er es nicht hat, aber was man leicht vernachlässigt, wenn man es hat.
9. Etwas, wovon man abwechselnd krank und lebendig werden kann.
10. Etwas, was man nicht für sich behalten darf, wenn man es behalten will.
11. Etwas, was nur bleibt, wenn man es gehen läßt.
12. Etwas, was sich verändern muß, um gleich zu bleiben.

Lövo

4. Schreiben Sie ähnliche Rätsel.

5. **Folgen: Konsekutivangaben**		
Konnektor	Beispielsätze	Wortklasse
zu zu	Der alte Mann war zu müde zum Lächeln.	*Gradadverb + Präposition*
	Er war auch zu müde, um böse zu sein.	
	Er unterscheidet sich zu wenig von den anderen, als daß es sich lohnen würde, ihn zu beschreiben.	
	Der alte Mann benannte alles um. Infolgedessen konnte ihn niemand mehr verstehen.	
	Der alte Mann benannte alle Dinge um, so daß er bald eine eigene Sprache hatte.	
	Er dachte so viel in seiner neuen Sprache, daß er die alte allmählich vergaß.	
	Er aß kaum etwas. So/Daher wurde er immer dünner.	
	Und wenn er redete, sprach er zu merkwürdig, als daß man ihn hätte verstehen können.	

Tragen Sie in die linke Spalte das Bindewort (den Konnektor) und in die rechte Spalte die Wortklasse (Konjunktion, Subjunktion, Adverb, Partikel?) ein.
Markieren Sie die Verbposition.

Lövo

6. Ergänzen Sie:

a) Ich habe so viel Arbeit, …
   Ich habe zu viel Arbeit, …
   Ich muß jetzt arbeiten, …
b) Er lacht so sehr, …
   Er lachte zu sehr, …
   Er lachte zu viel, …
c) Sie hat es oft wiederholt, …
   Sie hat es zu oft wiederholt, …
   Sie hat es dreimal wiederholt, …
d) Er ist so verliebt, …
   Er ist zu verliebt, …
   Er ist verliebt, …
e) Das ist so langweilig, …
   Das ist zu langweilig, …
   Das langweilt mich, …
f) … so …
   … zu …
   … , …

7. Wortschatz: *ändern, wechseln, tauschen*

ändern (Akk.) = modifizieren; dieselbe Sache wird anders (gemacht):
„Jetzt ändert es sich", rief er, und er sagte von nun an dem Bett „Bild".
Das änderte aber nichts an der Tatsache, daß er allein war.

verändern (Akk.) = total modifizieren; dieselbe Sache wird ganz anders (gemacht):
Seine Stimme veränderte sich, als er wütend wurde.

wechseln (Akk.) = etwas tritt an die Stelle von etwas anderem:
Nach dem Tod seiner Frau hat er die Wohnung gewechselt.
Der alte Mann wechselte vor Wut die Farbe.

verwechseln = sich irren:
Die Leute verwechselten den alten Mann immer mit seinem Bruder.

abwechseln = alternieren, variieren:
Auf einer langen Reise wechseln wir uns beim Fahren ab.

tauschen = mindestens zwei Personen, zwei oder mehr Sachen, reziprok:
Ich möchte nicht mit dem alten Mann tauschen.
Früher hat er mit einem englischen Freund Briefmarken getauscht.

vertauschen = irrtümlich oder aus Bosheit tauschen:
Jemand hat meinen Koffer vertauscht, das ist nicht meiner.

wechseln/Wechsel	ändern/Änderung	tauschen/Tausch
Wetter Klima Meinung Geld Name	Klima Meinung	Geld
verwechseln/Verwechslung	**verändern/Veränderung**	**vertauschen/–**
Namen Haustür	die Figur das Land	Schuhe
abwechseln/Abwechslung		**umtauschen/Umtausch**
die Arbeitsformen im Unterricht		einen zu großen Pulli

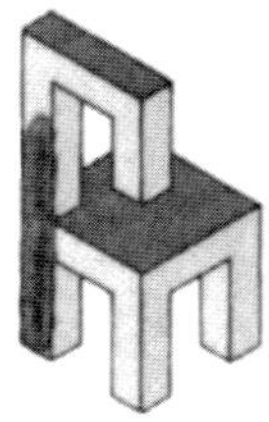

a. Tragen Sie die folgenden Wörter in das Schema oben ein, und ergänzen Sie die Liste mit eigenen Ideen:

> Frisur – Programm – Auto – Sicht – Schlüssel – Gemeinheiten – Fußballspieler – Diplomaten – Blicke – ……

b. Bilden Sie Beispielsätze, und machen Sie den Unterschied zwischen *Klimawechsel – Klimaänderung – Programmwechsel – Programmänderung* usw. klar.

8. Präfix *um-*

Das Präfix *um-* kann dreierlei bedeuten:

1. anders, Wechsel, Modifikation
2. um … herum ↻: Drehung
3. Positionsänderung ↱

Welche Bedeutung hat das Präfix *um-* in den folgenden Sätzen? Schreiben Sie die entsprechende Nummer in die Kästchen.

a) ☐ Der alte Mann hatte alle Gegenstände umbenannt.
b) ☐ Die Stadt ist von Bergen umgeben.
c) ☐ Wegen eines Unfalls wurde der Verkehr umgeleitet.
d) ☐ Er kam aus dem Zimmer gestürzt und hätte mich beinahe umgerannt.
e) ☐ Ich schreibe den Artikel noch mal um, er gefällt mir so nicht.
f) ☐ Wir wohnen nicht mehr in Frankfurt. Wir sind vor drei Tagen nach Hamburg umgezogen.

g) ☐ Das tut mir leid. Ich habe die Vase umgestoßen (umgeworfen).
h) ☐ Dreh dich mal um – hinter dir kommt jemand, den du kennst.
i) ☐ Wir müssen umdenken: nicht Frieden durch Aufrüstung, sondern Frieden durch Abrüstung.
j) ☐ Wenn du nach Berlin willst, mußt du in Frankfurt umsteigen.
k) ☐ Wenn dir kalt ist, häng dir einen Schal um.
l) ☐ Die Bilder können da nicht bleiben, die müssen wir umhängen.
m) ☐ Ich habe die ganze Wohnung umgeräumt.
n) ☐ Dreh den Stein um, darunter sind sicher Käfer.
o) ☐ Sie haben die ganze Insel umgegraben und haben den Schatz nicht gefunden.
p) ☐ Vor einer Woche wurde die Uhrzeit umgestellt.

Lövo

ZU 9.3 Geschichten erzählen

1. **Geschichten erzählen IV: Zwischenfragen**

– Lesen Sie Ihre Geschichte den anderen vor. Machen Sie es spannend, indem Sie Zwischenfragen stellen,
z. B.:
Na, was suchte er wohl?
Wem ist er da also begegnet?
– Lassen Sie Ihr Publikum mitsprechen, wenn sich das gleiche Wort wiederholt,
z. B.:
Ich hab' eine ... (Ihr Wort)! Das ganze Leben lang ... (Ihr Wort), jetzt hab' ich eine ... (Ihr Wort)!

2. **Was ist deutsch an diesem Text?**

Ballade von den unsagbaren Geschehnissen

Und der Kallermarl ast Gimme
und die strohn ihm im Salleit,
Pritchie Pritcher ast ein Nimme,
doch den Nimme muhlt man neit.

•

Unter einem Himmergepsel
brault der Mugger seinen Prumpf,
doch gar bald betreupft Schamepsel,
und es pergelt Mörschenwumpf.

•

Pritchie frammt sich einen Wusser,
plärzt ins Kneff den wutren Greun,
aber plötzlich schwallern Grusser,
und er wufzt aufs Krützel heun.

•

Lang schon gohlt es im Betritsche,
pussert sich zum Rampelfurm,
meulich mammelt die Matitsche,
pauft die Jemmen in den Zurm.

Pritchie-boy farewell in Boller,
nimmer pomden wir dich mirn,
nein, wir pomden dich auf holler,
Pritchie, nicht beschwuchten kirn.

•

Endlich schnefzt herbei die Krosse,
jetzt die Detten vergepliert!
Aber ach, es queuzt Kalosse,
Kneutschels, zengen wir den Schwiert?

•

Und der Reller prünkelt schweise,
und die Beulken schweun dahin,
das war Bammerwemmels Zeise,
und so nertscht es pacherwin.

Christa Reinig

(Diese Übung kann Ihnen helfen, sich in Texten zu orientieren.)

ZU 9.4 Verbergänzungen als Satzglieder oder Objektsätze

1. – Ergänzen Sie mit passenden Verben:

   a) Marianne ______________________ nach Chanel Nr. 5.
   b) Inge ______________________ einem Prinzen.
   c) Petra ______________________ an ihre erste Liebe.
   d) Lotte ______________________ mit einem reichen Mann.
   e) Ingrid ______________________ Abenteuer im kommenden Sommer.
   f) Lilo ______________________ ihre Eltern um Rat.
   g) Erna ______________________ über den Brief von Peter.
   h) Barbara ______________________ die Liebe.
   i) Ilse ______________________ über die Unhöflichkeit von Fritz.
   j) Adele ______________________ dem Liebesleben der Maikäfer.
   k) Birgit ______________________ Schürzenjägern. ______ Lövo

   – Machen Sie die gleiche Übung mit Männernamen.

2. Ersetzen Sie die Verben durch das synonyme Verb in der Klammer:

   a) Machst du bei der Demonstration mit? (teilnehmen)
   b) Er ist ganz anders als sein Bruder. (sich unterscheiden)
   c) Hat er Interesse an dem Haus? (sich interessieren)
   d) Hast du dich bei ihm für das Geschenk bedankt? (danken)
   e) Die Texte handeln von Ehe und Familie. (gehen)
   f) Hast du ihn schon mal getroffen? (begegnen)
   g) Wir müssen darüber noch mal nachdenken. (überlegen)
   h) Guckst du bitte nach den Kindern? (aufpassen) (sich kümmern)
   i) Hast du für die Prüfung gelernt? (sich vorbereiten)
   j) ● Wann kommt ihr zurück? ○ Das hängt vom Verkehr ab. (ankommen) ______ Lövo

3. Ergänzen Sie mit Objektsätzen, und schreiben Sie Minidialoge, in die die Sätze passen:

Beispiel: Ich rechne damit …
○ *Wann kommt dein Mann zurück?*
● *Ich rechne nicht damit, daß er vor 2 Uhr hier ist.*

a) Ich denke gerade darüber nach …
b) Es kommt darauf an …
c) Das liegt daran …
d) Mir liegt sehr daran …
e) Es hängt davon ab …
f) Ich bestehe darauf …
g) Ich kann mich nicht daran gewöhnen …
h) Ich denke nicht daran …

4. Bitte vervollständigen Sie mit Satzgliedern oder Objektsätzen:

Wolfgang ist …
Er hat …
Er denkt nur noch …
Nachts träumt er schon …
Er ist ganz verrückt …
Er kümmert sich nicht mehr …
Er hat auch keine Lust …
Er will nur noch …
Er kann nicht mehr …
Ich habe mit ihm …
Aber es hat keinen Sinn …
Er ist felsenfest überzeugt …
Er hört nicht …
Ich kann nur noch hoffen …

LÖSUNGSVORSCHLÄGE ZU DEN AUFGABEN IM ARBEITSBUCH

2.1.2 Soldatin, Kauffrau, Hausmann, Strichjunge, Präsidentin, Bäckerin, Dressman, Angestellte der Müllabfuhr, Entertainerin, (Die maskuline Form „Sekretär" gibt es nur in der Verbindung „Generalsekretär" einer Partei oder einer Gewerkschaft), Ärztin, Rechtsanwältin, Geburtshelfer, Krankenpfleger, Feuerwehrfrau, Ingenieurin, Straßenkehrerin (noch sieht man selten Frauen in diesem Beruf), Lokführerin, Rezeptionist/Empfangschef/Portier, Kindergärtner/Erzieher.

2.1.7-b. Zum Beispiel:

3. Gewichtsabnahme
   - Bewegung: Dauerlauf, Schwimmen, Tanzen, Stabhochsprung …
   - Abmagerungskost: Mineralwasser, Magermilch, Spinat, Hering, Spargel
   - streichen: Bier, Schinken, schlafen, Nüsse, schlendern, Bratkartoffeln
4. z. B. Empfindungen (oder Gerüche, oder Unterricht …)
   - angenehm: Freude, Lust, …
   - unangenehm: Trauer, Streß, …
5. Metalle:
   - selten: Platin, Gold Silber
   - häufig: Eisen, Blei, Kupfer
   - streichen: Legierungen, Mineralien
6. Gefühle: positiv – negativ
7. Nahrung: fest – flüssig
8. Motivation:
   - motivierend: Würdigung, Respekt, Führung, Vertrauen
   - demotivierend: Abhängigkeit, Mißtrauen, Gleichgültigkeit, Verachtung

2.4.1

Adverb		**Präposition**		**Adverbialpronomen**	
positional –	direktional	positional –	direktional	positional –	direktional
vorn	nach vorn	an + Dat.	vor + Akk.	davor	
		(an der Kasse)	(vor ihn)	drin (darin)	
drinnen	rein (herein/hinein)	in + Dat.	in + Akk.	dahinter	
	rauf (hinauf)	(im Bad)	(ins Bad)		

2.4.4 Der Gebrauch von **hin** und **her** hängt von der Perspektive des Sprechers ab:

2.4.5 a. Keine Geste möglich bei: Was schaust du so traurig vor dich hin? Sie redet vor sich hin. Die Uhr ist hin (= kaputt).

b. **Her** wird außerdem gebraucht, um zwei Begegnungen in derselben Richtung zu beschreiben: Die Kinder laufen hinter dem Lehrer her.
Der Lehrer läuft vor den Kindern her.

a) Er kam um 6 (hin/her). = kann
b) Wo kommst du her/hin?
c) Stell die Vase (da/dort/hier) hin/her.
d) Gehst du auch hin?
e) Er ging ein Stück neben mir her.
f) Sie summt leise vor sich hin.
g) Wo hast du das her?
h) Gib den Ball her.
i) Ich bring ihn jetzt (da/dort) hin.
j) Man muß sehr gut hinhören.
k) Sind alle hier/da/dort/hin? (Sind alle hin? – Das kann auch heißen: Sind alle tot? – hinsein = totsein.)
l) Wo fährt sie hin?
m) Hört mal alle her!
n) Dann leg dich doch ein Weilchen (da/dort/hier) hin.

2.4.8 a) raus, rein – drinnen
b) unten. Peter geh doch runter in den Keller und hol ein Bier rauf!
c) drüben. Peter geh mal rüber, und sag ihr, daß sie herkommen soll.
d) oben? – ... mal raufgehen.
e) ... da drin ist. – ... da reingelegt?

2.6.1

wenn	einem	das Geld nie fehlt
	einen	die Leute auf der Straße grüßen
	man	berühmt ist
	einem	das Essen schmeckt
	einem	im Winter nicht kalt ist
	einem	die Teller gewaschen werden
	man	einen kennt, der lachen kann
	einem	der Alkohol nicht schadet
	einen	das große Los trifft
	einem	die Nachbarn helfen
	man	einen schönen Bart hat
	einem	der Kuchen gelingt
	einem	der neue Pullover steht
	einer	einem die Aufgaben löst

4.2.1
es sei denn – verbaler Ausdruck
wenn – Subjunktion + *dann* (Adverb; nicht obligatorisch)
sonst – Adverb
Kein Konnektor + *dann* (Adverb): Verb in Anfangsposition statt Subjunktion, Adverb als Korrelat (nicht obligatorisch)
wenn – Subjunktion
falls, sofern – Subjunktion
Kein Konnektor + *dann* (Adverb): Verb in Anfangsposition statt Subjunktion, Adverb als Korrelat (nicht obligatorisch)
Kein Konnektor + *dann* (Adverb): Verb in Anfangsposition statt Subjunktion, Adverb als Korrelat (nicht obligatorisch)
wenn – Subjunktion

4.4.1
sowie – im selben Moment wie
während – Eine Handlung läuft ab. In diesem Zeitraum können eine oder mehrere Handlungen gleichzeitig stattfinden.
solange – Zwei parallel laufende Handlungen, die gleichzeitig enden.
bevor – B passiert vor A
nachdem – A passiert vor B
bevor – B passiert vor A
immer wenn – Zwei Dinge passieren wiederholt gleichzeitig in der Vergangenheit oder Gegenwart.

5.4.1 Zum Beispiel:
a) Es können keine Bauern sein.
b) Der andere könnte ein Unternehmer sein.
c) Sie dürften eine 300-Mark-Zeche haben.
d) Sein Sohn könnte Radikaler sein.
e) Und die Tochter könnte an die 30 sein.
f) Er wird wohl Kaufmann sein.
g) Er wird wohl krank sein.
h) Das muß ein Vertreter sein.
i) Die beiden anderen dürften kaum seine Kunden sein.
j) Die drei dürften sich zotige Witze erzählt haben.

5.6.4 Aussagen, die Fakten betreffen und emotionale Aussagen, die das Mitgefühl des Lesers ansprechen sollen, werden in diesem Text eher direkt wiedergegeben; Entschuldigungen, Erklärungen und Rechtfertigungen eher in indirekter Rede.

5.6.7-a.

„Man kann schreiben, daß ich die Vorhand nicht gut spiele, okay.“ – Indikativ: Becker akzeptiert die Aussage.

„Ich hätte einen Hang zu Drogen, – Konkunktiv II: Entweder handelt es sich um die routinemäßige Verwendung von K II statt K I bei Formengleichheit von K I und Indikativ oder/und um eine deutliche Distanzierung von der Aussage.

mein Trainer Tomas Smid sei ein Coach fürs Nachtleben, – Konjunktiv I: Wiedergabe einer Rede ohne Stellungnahme (oder stilistisch: Gebrauch wechselnder Formen. – nicht zweimal „wäre“)

oder mein Arzt Dr. Müller-Wohlfarth wäre so etwas wie ein zwielichtiger Wunderheiler.“ – Konjunktiv II: Distanzierung vom Gesagten.

8.1.4

damit	–	Subjunktion
zu	–	Präposition + substantivierter Infinitiv
für	–	Präposition + Substantiv
Dazu/Dafür	–	Adverbialpronomen

8.2.2

Zum Beispiel:

kreischen:	Kinder, Fußballfans, Bremsen
grölen:	Fußballfans
toben:	Kinder, der Wind im Wald, Wasser
dröhnen:	Radio, Motor
rauschen:	Wasser, der Wind im Wald, Radio
pfeifen:	Kinder, Lokomotive, Herz, auf den Fingern, Radio, Sturm, Wind
klopfen:	Steine, auf die Finger

8.5.1

Regel:

ich	persönlich
man	1. Verallgemeinerung der eigenen Erfahrung (Alternativform: du) 2. Normen, Regeln – normative Funktion
Passiv	1. Wichtig ist, was passiert, nicht, wer es macht. 2. Nicht die Norm oder die Regel sind wichtig, sondern einzelne oder konkrete Fälle. Der Sprecher erzählt etwas – narrative Funktion. (Alternativform: 3. Person Plural: sie)

8.5.4

a) [1] kommentiert ein Geschehen / [2] drückt eine Verhaltensnorm aus
b) [1] Befehl / [2] Verallgemeinerung von persönlicher Erfahrung
c) [1] erzählt von einem Erlebnis / [2] drückt eine Verhaltensnorm aus
d) [1] drückt eine Verhaltensnorm aus / [2] berichtet etwas
e) [1] Regel / [2] hier: Einzelfall im Gegensatz zum Regelfall

9.1.1

der kein Wort mehr sagt,
der schlecht zu beschreiben ist,
dem die Hemdkragen viel zu weit sind,
dessen Haut trocken und runzelig ist,
in dessen Zimmer sich nichts ändert,
mit dem die Nachbarn nicht mehr reden,
den die Leute nicht mehr verstehen,
an den sich niemand erinnern wird.
Das war in einer Zeit, in der …
Der Tag, an dem …
Dem Wecker, dessen Ticken …
Die Nachbarn, denen …
etwas, was …
…, was nicht so schlimm war.

9.1.3 Rätsel 1: die Kindheit
Rätsel 2: die Liebe

9.1.5

zu …, um … zu	–	Adverb + Subjunktion + Infinitiv
zu …, als daß	–	Adverb + Subjunktion
infolgedessen	–	Adverbialpronomen
so daß	–	Subjunktion
so … daß …	–	Adverb + Subjunktion
So/Daher	–	Adverb
zu …, als daß	–	Adverb + Subjunktion

9.1.8 a: 1, b: 2, c: 2, d: 3, e: 1, f: 1, g: 3, h: 2, i: 1, j: 1, k: 2, l: 1, m: 1, n: 2, o: 2, p: 1

9.4.1 Zum Beispiel:
a) duftet/riecht
b) träumt von
c) denkt
d) ist verlobt/verheiratet
e) hofft auf
f) bittet
g) freut sich
h) glaubt an
i) ärgert sich
j) beschäftigt sich mit
k) hat Angst vor

9.4.2
a) Nimmst du an der Demonstration teil?
b) Er unterscheidet sich sehr von seinem Bruder.
c) Interessiert er sich für das Haus?
d) Hast du ihm für das Geschenk gedankt?
e) In den Texten geht es um Ehe und Familie.
f) Bist du ihm schon mal begegnet?
g) Wir müssen uns das noch mal überlegen.
h) Paßt du bitte auf die Kinder auf? Kümmerst du dich bitte um die Kinder?
i) Hast du dich auf die Prüfung vorbereitet?
j) ● Wann kommst du zurück? ○ Das kommt auf den Verkehr an.

SCHLAGWORTREGISTER ZUM ARBEITSBUCH

Grammatikschwerpunkte

Wortschatzschwerpunkte

Lernberatung

Geschichten erzählen

QUELLENVERZEICHNIS

Texte

S. 11: Heimweh. © Helmut Heißenbüttel.
S. 12: Wo ich lebe. Aus: Texte, Daten, Bilder. © Max von der Grün.
S. 17: Kündigungsgedanken. Aus: Für eine andere Deutschstunde. ASSO Verlag: Oberhausen 1972.
S. 19: artikel. Aus: Beispiele zur deutschen Grammatik. Wolfgang Fietkau Verlag: Berlin.
S. 21: © Gerd Wessling.
S. 23: Lied „Angenehm". Aus: Thommie Bayer Band: Feindliches Gebiet. © Metronome Musik GmbH.
S. 27: Ankunft in Kiel. Aus: Sten Nadolny: Selim oder die Gabe der Rede. © R. Piper: München 1990.
S. 30: Peter Schneider: Rede an die deutschen Leser und ihre Schriftsteller. Aus: Ansprachen, Reden, Notizen, Gedichte. Klaus Wagenbach: Berlin 1970.
S. 34: Brief in Symbolsprache. Aus: Michael Ende: Jim Knopf und Lukas der Lokomotivführer. © by K. Thienemanns Verlag: Stuttgart-Wien.
S. 35: Deuts sein schwäre Sprach! Aus: Viktor Christen: Schnick Schnack, Schabernack. Gerhard Stalling Verlag: Oldenburg und Hamburg 1973. © Viktor Christen.
S. 36: New York – 7. Tag Abfahrt. Aus: Jurek Becker: Nach der ersten Zukunft. © Suhrkamp: Frankfurt/M. 1980.
S. 37: Der kleine König. Aus: Hans-Joachim Gelberg (Hrsg.): Neues vom Rumpelstilzchen. Beltz Verlag: Weinheim und Basel 1981.
S. 39: Herr Keuner und die Flut. Aus: Bertolt Brecht: Gesammelte Werke. © Suhrkamp: Frankfurt/M. 1967.
S. 47: In die Köpfe gucken. Aus: Hansjörg Martin: Der Kammgarn-Killer. thriller 2481. © by Rowohlt Taschenbuch Verlag GmbH: Reinbek 1979.
S. 50: Was ist ein Psychologe? Aus: Adolf Muschg: Baiyun. © Suhrkamp: Frankfurt/M. 1980.
S. 57: Vor dem Gesetz. Aus: U. Wandrey (Hrsg.): Kein schöner Land? © Reinhardt Jung.
S. 60: Szenenwechsel. Aus: Geschichten von Lutz Rathenow. Berlin Verlag 1995. © Lutz Rathenow.
S. 65: Der Hund. Aus: Bertolt Brecht: Gesammelte Werke. © Suhrkamp: Frankfurt/M. 1967.
S. 70/71: Bettgeschichten. © Renate Wolff.
S. 71: Mein Glück. Aus: Hans-Joachim Gelberg: Geh und spiel mit dem Riesen. Erstes Jahrbuch der Kinderliteratur. Beltz Verlag: Weinheim und Basel 1971. © Max Kruse.
S. 72: Wie wir um die Jahrhundertwende leben werden. © Dieter Stäcker.
S. 75: (Diskussion) Die Leibesfrucht spricht. Aus: Kurt Tucholsky: Gesammelte Werke. © 1960 by Rowohlt GmbH: Reinbek.
S. 76: Lied: Hans Scheibner: Sie wohnt auf dem Mond. © Moorea Musik Hamburg.
S. 78: Ein Tisch ist ein Tisch. Aus: Peter Bichsel: Kindergeschichten. © by Luchterhand Literaturverlag: München 1969/1989.
S. 81: Morgens und abends zu lesen. Aus: Bertolt Brecht: Gesammelte Werke. © Suhrkamp: Frankfurt/M. 1967.
S. 82: Shimizé. Aus: Stefano Benni: Die Bar auf dem Meeresgrund. © R. Piper: München 1992.
S. 83: 43 Liebesgeschichten. Aus: Wolf Wondratschek: Früher begann der Tag mit einer Schußwunde. © Carl Hanser Verlag: München/Wien 1979.
S. 112: Warum ist die Banane krumm? Aus: David Feldmann: Warum ist die Banane krumm? © Verlagsgruppe Bertelsmann München.
S. 139: denk-spiel. Aus: Eugen Gomringer (Hrsg.): Konkrete Poesie. Reclam: Stuttgart 1972.
S. 155: Wohnungsplanung – Städteplanung. Aus: J.-M. Greverus: Denkmalräume – Lebensräume. Reihe: Hessische Blätter für Volks- und Kulturforschung, Bd. 2/3. Wilhelm Schmitz Verlag 1976.
S. 161: Ballade von den unsagbaren Geschehnissen. Aus: Hans-Joachim Gelberg (Hrsg.): Überall und neben dir. Beltz Verlag: Weinheim und Basel 1986.

Abbildungen

S. 10/86/177: Caspar David Friedrich: Auf dem Segler. © AK G Berlin.
S. 12: © Berlin Avant Apres.
S. 14/64/67/88/144/145: © Arjan Jansonius, Groningen.
S. 15: © Erika Sulzer-Kleinemeier, Gleisweiler.
S. 16: © Gisela Schwab, Göppingen.
S. 18: Aus: Hogli: Putz! Frauen. Elefanten Press: Berlin © Amelie Holtfreter-Glienke.
S. 20: © Borislav Sajtinac, München.
S. 24: © Christa Kujath, Hamburg.
S. 25: © STERN/Jochen Knobloch, Hamburg.
S. 26 oben: Das Fotoarchiv, Christoph & Mayer GmbH.
S. 26 unten: Presse und Sprache, Ausgabe 10/1993.
S. 30/114/146/155: © Veit Mette, Bielefeld.
S. 38: © Hans Traxler, Frankfurt/M.
S. 42: © Christa Lachenmaier, Berlin.
S. 43: © dpa/Wöstmann, Frankfurt/M.
S. 44: © Vincent Kohlbecher, Hamburg.
S. 45: © Paul Flora, Innsbruck.
S. 46/126: © Eckart Mennicken.
S. 49: © Bulls Pressedienst, Frankfurt/M.
S. 53 oben: © Inge Werth, Frankfurt/M.
S. 53 unten/153: © Michael Seifert, Hannover.
S. 54: © Andreas Teichmann, Essen.
S. 55 oben: © Anthony/Holmgren, Starnberg.
S. 55 unten: © Karin Hill, Frankfurt/M.
S. 56: © epd-bild/Hahn, Frankfurt/M.
S. 59: Aus: Peter Gayman: Huhnstage. © Fackelträger Verlag: Hannover.
S. 66/143: FOCUS © MAGNUM- Erwitt, Hamburg.
S. 68/69: B.C. Möller, Hamburg.
S. 73: © Globus 9850, Hamburg.
S. 74: © transit/Christiane Eisler, Leipzig.
S. 76: © Baubehörde Hamburg.
S. 81: © FOCUS/Roman Bezjak, Hamburg.
S. 84/163: Vorlage für „Sportlerbild" © Offpress NV/Brüssel.
S. 89 oben/130/148/164: © Bruin van der Duim.
S. 91: © Ernst Volland.
S. 100: © Knut Junker, Remscheid.
S. 103/150 f.: © Sebastian Gerhold, Barcelona.
S. 105: © Editions Denoël, Paris.
S. 109: © Maya-Lena Jenkins, Hamburg.
S. 110: © Anthony/Horst Schäfer, Starnberg.
S. 111: © Anthony/Sobottka, Starnberg.
S. 123: Aus: Claire Bretecher: Die Frustrierten V. © by Rowohlt GmbH: Reinbek 1981.
S. 124/125: privat.
S. 128 oben: Süddeutscher Verlag, Bilderdienst.
S. 128 unten: © Fred Dott, Hamburg.
S. 129: © Wolfgang Wiese, Hamburg.
S. 134: © dpa/Frankfurt.

Trotz intensiver Bemühungen konnten nicht alle Inhaber von Text- und Bildrechten ausfindig gemacht werden. Für entsprechende Hinweise ist der Verlag dankbar.

UND SO GEHT ES WEITER IN SICHTWECHSEL 2 ...

DRITTER BEREICH: **BEDEUTUNGSERSCHLIESSUNG UND -ENTWICKLUNG**

10 BEDEUTUNGSERSCHLIESSUNG

	Inhalt	Seiten Textbuch	Seiten Arbeitsbuch	Interkulturelles Lernen	Weitere Schwerpunkte	Grammatik	Strategien Fertigkeiten
10.1	Wie heißt das Ding? Was ist da drin?			Bedeutungserschließung durch Suchfragen			
10.2	Wie war das eigentlich? Max von der Grün			Literatur als Quelle zur Bedeutungserschließung	Textaufbau analysieren		FT Schreiben: Erinnerungen LERNBERATUNG: Fehlerkorrektur Spiel
10.3	Was wird hier gefeiert?			Bedeutungserschließung durch Suchfragen	Wortfeld: Familienereignisse	Suchfragen	
10.4	Was ist ARBEIT?			Begriffsinhalte definieren: Kriterien feststellen		Kriterien diskutieren; Voraussetzen, Begründen, Abwägen: Konjunktionen, Subjunktionen, Partikeln	
10.5	Anekdote zur Senkung der Arbeitsmoral Heinrich Böll			Perspektivenwechsel zur Bedeutungserschließung	Körpersprache	Attribute im literarischen Text: Partizip Präsens	Hören
10.6	Reden über das Reden			Metakommunikation		sich über Bedeutungen verständigen: Redemittel	FT Sprechen

11 PERSPEKTIVE UND BEGRIFFSVERNETZUNG: WALD

	Inhalt	Seiten Textbuch	Seiten Arbeitsbuch	Interkulturelles Lernen	Weitere Schwerpunkte	Grammatik	Strategien Fertigkeiten
11.1	Zwei und zwei macht eins Max Ernst			„Sichtwechsel“			
11.2	Mein WALD – unser WALD			Kulturmengen: persönliche und kulturspezifische Bedeutung; Begriffsvernetzung	ein Wortfeld erarbeiten		Projekt: Bedeutungsrecherche WALD
11.3	Waldgedichte			Bedeutungsveränderung: „Natur“			FT Sprechen: Gedichte vortragen
11.4	Was sind Haflinger?						FT Lesen: Reiter und Pferde kommen gemeinsam außer Atem (Z)
11.5	Bäume mit rotem Punkt						FT Hören: Bäume mit rotem Punkt
11.6	Herr von Ribbeck auf Ribbeck im Havelland Theodor Fontane/Achim Reichel						Hören und singen

DRITTER BEREICH: **BEDEUTUNGSERSCHLIESSUNG UND -ENTWICKLUNG**

VIERTER BEREICH: **KULTURVERGLEICH**

15 VERGLEICH UND WERTUNG

	Inhalt	Seiten Textbuch	Seiten Arbeitsbuch	Interkulturelles Lernen	Weitere Schwerpunkte	Grammatik	Strategien Fertigkeiten
15.1	Der Löwe Günter Anders			Mechanismus interkultureller Mißverständnisse			
15.2	Irgendwo in Deutschland			Wahrnehmungsschulung			
15.3	Westdeutsche über Ostdeutsche und umgekehrt (Z)			Intrakulturelle Mißverständnisse bei „gleicher" Sprache; Perspektivenwechsel: positive Gründe suchen	Qualifizieren und Werten: Adjektive		
15.4	Gespräch mit einem Berliner					Angabe der Methode, der Art und Weise	FT Hören: Gespräch mit einem Berliner
15.5	Interview: Die Wende						FT Hören: Die Wende Projekt: Recherche LERNBERATUNG: Hören
15.6	Projekt: Recherchieren						
15.7	Nord ↔ Süd Thomas Mann			Stereotype: regionale Unterschiede	Personen charakterisieren		FT Sprechen: Stimme und Körper

16 SPRACHLICHE INDIKATOREN FÜR KULTURVERGLEICH

	Inhalt	Seiten Textbuch	Seiten Arbeitsbuch	Interkulturelles Lernen	Weitere Schwerpunkte	Grammatik	Strategien Fertigkeiten
16.1	Was ist typisch deutsch? (Z)			Gegensätzliche Wahrnehmung je nach Ausgangskultur; Stereotype		Grammatische Indikatoren für Stereotype	
16.2	Ist das deutsch?			In-Frage-Stellen von Stereotypen	Alltagskultur: Wortschatz und Redewendungen		
16.3	„Logische" Verknüpfungen			Konnektoren als Ausdruck gruppen- und kulturspezifischer Zusammenhänge		Kulturlogische Beziehungen: semantische Funktion von Konnektoren	
16.4	Interview: INKUBI-Ratschläge für Reisende					*raten, ermahnen, bitten* u.ä : Gebrauch der Modalverben	FT Hören: INKUBI – Ratschläge für Reisende FT Sprechen: Stimme und Körper

VIERTER BEREICH: **KULTURVERGLEICH**

	INHALT	SEITEN TEXTBUCH	SEITEN ARBEITSBUCH	INTERKULTURELLES LERNEN	WEITERE SCHWERPUNKTE	GRAMMATIK	STRATEGIEN FERTIGKEITEN
17	**BEGEGNUNG MIT DEM FREMDEN: URLAUB UND REISEN**						
17.1	Fotocollage: URLAUB			URLAUB: Funktion und Bedeutung	ein Wortfeld erschließen		
17.2	Interviews: Urlaub			Kulturmenge und persönliche Prioritäten			FT Hören: Urlaub
17.3	Miese Ferien – Tolle Ferien			Persönlicher und gruppenspezifischer Begriffsinhalt: Prioritäten		Prioritäten festlegen: Redemittel	FT Schreiben: Persönlicher Brief LERNBERATUNG: Fehlerkorrektur FT Sprechen: Geschichten erzählen VI FT Lesen: Glückliche Reklamation (Z) LERNBERATUNG: Lesen FT Sprechen: Beschwerde FT Schreiben: Beschwerdebrief
17.4	In einer Höhle am Waldrand Max Bolliger						FT Sprechen: Geschichten erzählen VII Hören
17.5	Interrail (Z)				Textsortenmerkmale: Informationstext und Schilderung	Gebrauch der Präpositionen *bei* und *mit*; Redemittel: Ratschläge	FT Schreiben: Sachtext – Schilderung FT Sprechen: Ratschläge geben
17.6	Die Suks Elias Canetti			Kulturspezifik von Prioritäten	Wortfeld: Ein guter Kauf		Hören: Einkaufen
18	**ZEIT**						
18.1	Lied: Wochenend' und Sonnenschein Comedian Harmonists						Hören und singen
18.2	Textcollage: ZEIT Das Ei Loriot			Kulturspezifischer Umgang mit der Zeit		Temporalangaben: Präpositionen, Adjektive, Adverbien; Wortbildung: Komposita	FT Schreiben: Einladung FT Sprechen: Entschuldigungen Hören
18.3	Eins nach dem anderen oder alles gleichzeitig Edward Hall			Polychronie und Monochronie	Textaufbau: Sachtext		FT Lesen: Eins nach dem anderen oder alles gleichzeitig
18.4	Die Zeit in der Natur, die Zeit in uns						FT Hören: Die Zeit in der Natur, die Zeit in uns

VIERTER BEREICH: **KULTURVERGLEICH**

	Inhalt	Seiten Textbuch	Seiten Arbeitsbuch	Interkulturelles Lernen	Weitere Schwerpunkte	Grammatik	Strategien Fertigkeiten
19	ICH – WIR – SIE						
19.1	Von glücklichen Hühnern			Toleranz			Fragen stellen
19.2	Der Lesende Alfred Andersch					Wiederholung: Lokalangaben	Genaues Lesen und Paralleltext schreiben
19.3	Lied: Sage nein! Konstantin Wecker					Wiederholung: Konditionalangaben	Hören: Lied